ENCEINTES

Conception couverture : © Christophe Roger
Image de couverture : © Anna Vereshchak / Dreamstime.com
Composition : Soft Office (38)

89, bd Auguste-Blanqui – 75013 Paris
www.editions-emmanuel.com

ISBN : 978-2-35389-898-5
Dépôt légal : 2e trimestre 2021

Laurence Aubrun

ENCEINTES

La vie en soi

Préface d'Alice Ferney

Éditions Emmanuel

À nos mères,
pour le don de la vie
et pour le don d'elles-mêmes.

À Maximin, qui épouse inlassablement
ma force et ma faiblesse.
Il m'a donné la joie de devenir mère,
et le temps d'enfanter par les mots.

Aux enfants de notre amour.

No man is an island entire of itself;
every man is a piece of the continent,
a part of the main.

Aucun homme n'est une île, un tout, complet en soi ;
tout homme est un fragment du continent,
une partie de l'ensemble.

John Donne, *Meditation XVII*,
Devotions upon Emergent Occasions, 1624.

Ma mère est folle, je crois. Je souhaite à tous les enfants du monde d'avoir des mères folles, ce sont les meilleures mères, les mieux accordées aux cœurs fauves des enfants.

Christian Bobin,
La Folle Allure, Gallimard, 1995.

Préface

On le sait, l'enfantement n'appartient pas à la liste des grandes questions dont la tradition philosophique a fait ses objets. L'amour, le désir, la connaissance, la perception, l'angoisse, la vertu, la sagesse… en sont, la mort, en majesté même, mais sans son pendant, son origine : la naissance. Naissance et mort, ces deux bornes de « l'être-vers-la-mort », ces deux moments – le premier et le dernier – où le corps échappe et s'échappe, ces deux dépossessions suprêmes, forment un couple inséparable que la philosophie a séparé en oubliant beaucoup la première. Sans doute est-il plus facile et plus heureux de naître que de mourir et en tout cas naître n'est pas une perspective à laquelle au long de la vie il faut se préparer. Les raisons de cet oubli n'ont par ailleurs pas manqué d'être trouvées dans un effacement du féminin et de ce qui le concerne. La philosophie a pensé les expériences d'un être humain universel hors de la sexuation. Les philosophes étaient des hommes. Les femmes ne disposaient pas de cette « chambre à soi » nécessaire au travail de la pensée. Les femmes qui s'autorisaient à écrire ont manqué. Les femmes philosophes ou romancières souvent n'avaient pas d'enfant ou, comme l'a écrit l'historienne Yvonne Knibiehler – pointant là un « syndrome Beauvoir » –, elles s'interdisaient d'en parler dans leurs écrits. Autant de vérités auxquelles s'ajoute la difficulté de traduire un acte miraculeux : créer le souffle d'une nouvelle vie, la sentir de plus en plus déployée et présente dans son corps, son esprit et ses affections. Peu importe, semble nous dire avec sérénité Laurence Aubrun qui constate le déficit, il suffira de le combler. Je ne m'étonne pas qu'une mère de famille nombreuse, philosophe de formation et professeur, se sente motivée par ce vide de la réflexion et prête à le remplir. Qui serait plus à même de se lancer dans ce défi : penser l'enfantement ? Qui aurait davantage conscience du sacré de l'événement, de l'exigence qu'il impose à celui ou celle qui entend le raconter ? Et qui peut douter que le propos intéressera ? L'auteure le remarque elle-même, chaque être humain « a été ballotté dans le corps d'une femme, livré entre ses cuisses et recueilli par des mains, déposé sur un ventre, lové contre un sein ». Si les femmes seules engendrent au-dedans, si les hommes ne furent jamais parturientes, hommes et femmes furent fœtus, engendrés de la même façon. Sujet universel, n'en déplaise aux philosophes.

Enceintes s'adresse donc à tout le monde. Son sous-titre au superbe double sens l'exprime, *la vie en soi* concerne ceux qui l'ont reçue et qui la vivent autant que celles qui la portent. C'est cependant du point de vue de la mère que se place Laurence Aubrun pour ce premier livre qui en promet d'autres, tant le sujet est à la fois vaste et désormais ouvert. Elle apporte sa première pierre au corpus naissant, sans polémique, sans esprit rageur ou militant, avec l'espoir et le goût de nommer les faits et les émotions pour ensuite en éclairer les aspects et les significations. La grossesse ? Après les plus banals – bonheur, joie, extase, épreuve –, les mots pour la dire se multiplient sitôt qu'on les cherche. Surprise, épiphanie, destitution, hospitalité, décentrement, communion, dilatation, extension, exploit, symbiose, fusion, relation intégrale… La réflexion les fait jaillir et les utilise tous afin d'exprimer au plus près une expérience totale de l'être physique et psychique, une expérience paradoxale aussi, ambivalente en termes de sensations, comme un étrange préjudice corporel qui est aussi une béatitude, comme une vulnérabilité qui est une puissance, une capitulation qui mène à l'épanouissement, un abandon qui construit la responsabilité. Une fois faite cette traversée, l'existence sera pour toujours transformée, élargie, prête au partage, à l'attention envers un autre, pour la mère, peut-être pour l'enfant – car on donne souvent ce que l'on a reçu.

Inspiré, audacieux et conscient de l'énormité de l'objet, le propos se concentre sur la grossesse. Il en suit le développement et les répercussions, étape par étape. Il colle à l'expérience réelle et se soumet à sa chronologie : songe de la mère qui désire un enfant, temps du mal-être quand le corps passe d'un régime de fonctionnement à un autre, premier mouvement perçu au-dedans, métamorphose du ventre, abandon de la future mère à ce qui la dépasse, contact avec celui qu'elle abrite, accouchement. La chair, le sang et le mystère sont mis en mots. C'est la grande réussite du livre, il est formidablement incarné, il garde l'équilibre entre un phénomène concret et les concepts capables d'en rendre compte, d'en ausculter et percer la nature. Des voix de femmes se mêlent à celle de l'auteur, ponctuent le propos, viennent et reviennent exprimer l'extase ou la difficulté. Les hommes ne sont pas exclus, la figure paternelle n'est jamais loin de la future mère dans ce texte où la générosité donne le ton. Les expériences féminines et masculines se conjuguent et diffèrent, celle du corps, celle du temps, et le propos s'attarde comme il convient sur une différence et une complémentarité qui offrent à chaque sexe un soutien dans l'événement. Au cœur de cette polyphonie où l'auteure elle-même revêt tour à tour les habits de mère et ceux de philosophe, le lecteur parcourt les neuf mois qu'il faut pour fabriquer le petit d'homme, de l'invisible conception par l'acte sexuel à la naissance, de la fusion à la séparation, de la genèse à l'avènement d'un autre. Il y a une vie avant la naissance, dit Laurence Aubrun. C'est de cette vie qu'elle parle, vie dans un ventre pour l'enfant, vie avec un enfant dans le ventre pour la mère. La grossesse est un duo. Dès l'origine s'installe le fameux « je et tu » de Martin Buber, mais en attente du face-à-face, la mère découvre une altérité sans distance, incrustée, dans un corps à corps où la solidarité est vitale. Levinas est convoqué dans ces pages.

Car les mots « relation » et « rencontre » sont au cœur de l'expérience de notre apparition, souligne Laurence Aubrun. Nous naissons « en relation », écrit la philosophe, nous vivons une rencontre absolument singulière : une rencontre à l'intérieur. En pensant le duo *in utero* avec les mots-clefs des philosophes de la réciprocité et de la relation, cette partie du livre est réellement féconde. La grossesse devient un moment exemplaire, une illustration de la relation éthique, une leçon par l'exemple, elle réalise et inaugure cette vertu dont parle Vladimir Jankélévitch : dans la solidarité originelle, l'autre est prioritaire. Il l'est alors même qu'il est « le jamais vu », l'inconnu suprême, à qui j'offre « l'hospitalité extrême », s'émerveille l'auteure. L'événement est si radical qu'il crée d'emblée une réciprocité : à l'intérieur de l'utérus maternel l'enfant apprend pour lui-même (il ressent, entend, goûte) et enseigne à celle qui le porte quelque chose qui ressemble au secret de l'existence. En devenant un abri, en répétant pour son enfant ce que sa propre mère fit pour elle, la femme enceinte « se trouve ramenée à sa propre naissance, remonte à sa source », ce faisant elle entre en empathie avec sa mère, avec toutes les femmes. Elle prend place dans une chaîne de vivants. Peut-être prend-elle les véritables dimensions de sa propre place dans l'espace et le temps. Sa perspective sur la vie se trouve fortement modifiée par ce que son corps lui révèle : son animalité transcendante et ce dont, au féminin, il est capable. Dans la fusion prolongée avec un étrange étranger, la femme connaît un « décentrement » radical, le centre de gravité de sa vie ne sera plus jamais le même, nous dit Laurence Aubrun.

Loin d'une inattention à ce moment qui bouscule la vie ordinaire, loin d'une réduction de la grossesse à un fait médical, Laurence Aubrun sait donner la mesure de l'événement « attendre un enfant ». On est tout au long de son livre frappé par le ton apaisé et dépassionné. Ne pas déplorer, ne pas rire, ne pas juger mais comprendre, voilà Spinoza mis en œuvre sans annonce. Le regard est lumineux, spontanément tourné vers la célébration. Laurence Aubrun se révèle libre, originale, posée, méthodique, attentive, émerveillée sachant l'écrire. En mêlant la joie à sa quête de mots et de vérité, elle offre un texte étonnant, comme si la modernité et ses techniques n'existaient pas, comme si la désexualisation de l'origine n'était pas une perspective. Elle célèbre la femme enceinte grandeur intemporelle, miracle éternel. À la différence des militantes féministes, elle s'intéresse à « ce qui ne change pas ». Par la qualité de ce qu'elle dit, elle parvient à nous faire oublier tout ce qu'elle ne dit pas. Elle n'affiche pas un féminisme qui ferait réclamation, jamais elle ne s'indigne. De sa voix posée, elle offre aux mères la chance de revenir sur ce qu'elles ont vécu et aux pères celle de mieux réaliser ce qu'ils ont partagé.

Longtemps, lorsqu'il s'est agi de raconter, de connaître, d'accompagner ou d'élargir des expériences exclusivement féminines, les choses ont pris du temps, les obstacles se sont élevés. Certains hommes prenaient la parole ou opposaient leur silence réprobateur et leur inertie. Le combat du docteur Semmelweis pour une hygiène des mains dans les maternités me reste ainsi comme une histoire à la fois extraordinaire et emblématique. Ses travaux ont transformé l'obstétrique avec le succès qu'on connaît, moins de décès en couches. Parce que les gestes, les paroles, les événements que nous vivons gagnent à être pensés et agis en conscience, faire de quelque chose un objet d'étude, qu'il soit scientifique ou philosophique, peut être (devrait être) une promesse de vie meilleure. Avec ce livre qui pose des mots précis et nouveaux sur un vieil indicible, Laurence Aubrun vient de nous en faire une.

Alice Ferney

Introduction

> La femme était au cœur de la nature. Elle seule était dans le secret, réitérant à travers son propre corps le mystère de toute chose. L'enfantement était l'acte le plus sacré, le plus terrible et le plus merveilleux de la vie.
>
> Annie Leclerc, *Parole de femme*, p. 132.

Il y a tout juste dix-huit ans, nous venions de fêter le Nouvel An avec des amis, dans un chalet de montagne. Emmitouflée dans mon manteau, pressée d'aller dormir, je remontai en voiture et m'attachai, quand la faible palpitation que je guettais depuis des semaines s'est fait enfin sentir. Je restai un moment immobile, incertaine, la main sur le ventre, tendue de tout mon être vers l'intérieur, espérant une autre secousse pour confirmer la première. Mon mari me lança un regard inquiet: « Quelque chose ne va pas ? » Un sourire illumina mon visage: « Je crois qu'il a bougé… »

Les sensations intimes propres à la femme enceinte m'ont longtemps paru indescriptibles. L'ampleur du bouleversement intérieur qu'il faut traverser en quelques mois m'a sidérée. Ce fut un grand charivari d'émotions.

Au cours de ces semaines d'une saisissante métamorphose – qui ferait de quelques cellules un petit être humain, et de moi, la mère d'un enfant – j'ai cherché dans la discipline que j'enseignais les auteurs qui auraient pu m'éclairer et mettre des mots sur mon trouble. En vain. Les philosophes parlent de tout. Du corps, sain ou malade, déployé ou exploité au travail. De la vie et, si souvent, de la mort. Du rapport à l'autre, proche ou étranger, ami ou ennemi. Du désir et de l'amour, à volonté. Du mariage aussi, de la famille, de l'enfance et de l'éducation… mais pas ou si peu de la maternité. On trouve pourtant sur le sujet une abondante littérature médicale, d'importantes contributions en psychanalyse, des études sociologiques et même des développements théologiques. En philosophie, les questions du corps féminin, de la sexualité et de la maternité ont certes été abordées et discutées, mais plutôt sur le ton de la polémique. Les courants féministes se sont emparés du sujet sous l'angle militant de la lutte pour l'égalité, pour défendre des revendications sociales et politiques, pour faire changer les choses. Mais sur la dimension existentielle et relationnelle de la maternité, sur ses implications anthropologiques ou éthiques, sur *ce qui ne change pas*… on ne trouve presque rien.

L'enfantement : impensé, impensable ?

Seuls deux événements sont communs à toute l'humanité : la naissance et la mort. Notre vie s'écoule entre ces deux certitudes implacables : je suis né, je vais mourir. Dans l'intervalle, tout est possible, rien n'est sûr… Puisque la naissance est toujours derrière nous, un seul événement à venir reste inéluctable, la mort. C'est pourquoi les philosophes lui accordent tant d'attention, elle est l'horizon de notre existence et nous attire à elle, inexorablement. La naissance, pourtant, devrait susciter notre intérêt : elle oriente la trajectoire de notre vie. Peut-être même la clé de la mort est-elle dissimulée dans la naissance, à laquelle nous tournons naturellement le dos. Il faudrait comprendre comment on naît pour découvrir comment mourir… Le problème, c'est que notre propre naissance nous échappe, révolue, enfouie dans l'inconscient immémorial. Peut-on penser l'insondable ?

Autre fait étonnant : on pose la naissance et la mort en miroir, aux deux extrémités de l'existence. Or, si la mort constitue bien l'ultime borne de la vie biologique, il n'en est pas de même pour la naissance, car la vie la précède. Il faut déjà vivre pour naître. Ce prélude est encore plus inaccessible que la naissance, et l'émergence de notre propre vie semble bien trop obscure pour qu'on puisse la prendre en considération. Il y a pourtant une vie, un monde avant la naissance, une préhistoire avant que ne débute notre histoire personnelle. Ce préambule aussi nous concerne tous. La naissance en est le triomphe et la révélation.

La femme enceinte a le privilège de changer de perspective : ce qu'elle a oublié pour elle-même – sa préhistoire et sa naissance –, elle le vit pour un autre en donnant la vie. Elle assiste, de l'intérieur, à l'éclosion de la vie humaine et participe à cet engendrement originel dont nous sommes tous issus. Ce que les hommes ne peuvent connaître, il faudrait donc des femmes pour l'exprimer.

Mais c'est une évidence : les femmes philosophes sont rares. Plus rares encore les philosophes mères, qui auraient pu attirer l'attention sur cette réalité pourtant universelle. Comme si les deux manières de « concevoir » – par le corps, par l'esprit – étaient diamétralement opposées, ennemies inconciliables. Les femmes écrivains, quoique plus nombreuses et plus souvent mères, ne s'épanchent pas non plus sur le sujet. Hormis quelques remarquables exceptions, elles accordent en général plus de place aux émois de l'amour qu'à ceux de la maternité. Comment interpréter un tel silence ? Se sont-elles autocensurées ? L'expérience est-elle trop banale pour mériter d'être mise en récit, trop intime pour être dévoilée ?

Ou bien la tâche est-elle impossible ? Un homme avec qui j'évoquais le projet de penser la maternité m'a questionnée : « N'est-ce pas une tentative pour s'emparer par l'esprit de l'expérience vécue dans la chair ? » J'entends bien son scepticisme : n'est-ce pas une *vaine* tentative (voire, une tentation) pour réduire la vitalité du corps à des concepts abstraits et inertes ? N'est-il pas illusoire et risqué de disséquer la vie vivante au bistouri de l'entendement ? Alors, ce serait peine perdue que de vouloir saisir et dompter par les mots ce qui par nature demeure indomptable et « inconcevable ».

Il y a bien dans l'enfantement un retour aux entrailles, une dissolution des concepts devant la nudité de la chair en travail. L'intellect perd ses moyens face au prodigieux bourgeonnement des corps. Peut-on penser *sérieusement* le surgissement de la vie sans régresser vers l'animalité, vers la simplicité archaïque de l'instinct de conservation ? Peut-on méditer sur « l'enfantement » sans retomber dans l'enfance de l'humanité, sans perdre tout à la fois la rigueur conceptuelle et les acquis de siècles de culture ? Il y aurait, dans la maternité, tout à vivre, et rien à penser.

Dire l'indicible

Une autre hypothèse me taraude, plus redoutable encore. Sans doute le sujet est-il aussi indécent et tabou. Assurément, les hommes et les femmes – les fils et les filles – ont dû, par pudeur, baisser les yeux devant le corps nu de leurs mères, offert dans l'amour et dans l'enfantement. De leur côté, les mères postées en sentinelles se sont peut-être juré – serment d'initiées – de préserver de toute violation ce secret des origines…

Est-il permis de remonter vers sa propre source ? N'est-ce pas comme pénétrer dans un sanctuaire : celui du mystère qui rend muet ? Mieux vaudrait se taire et se recueillir devant le miracle de notre propre surgissement et de ce qui nous lie les uns aux autres, par la chair et le sang. Comment dès lors briser le silence sans le trahir, parler sans profaner ?

Au risque de transgresser l'interdit et de manquer de mots (ce qui justifiera le recours à la poésie, voire au silence quand le langage ordinaire semble inapproprié ou déficient), voici ce que je tenterai d'exprimer : l'expérience de la maternité nous fait découvrir, de l'intérieur et par le corps, l'incommensurable puissance de la chair, de la vie et de l'amour. Cette puissance submerge les femmes qui deviennent mères, les métamorphose et leur découvre une nouvelle dimension de l'existence : vie donnée, vie partagée, vie tiraillée entre un moi disparu, éclaté, rompu et d'autres êtres tout neufs, auxquels elles se trouvent irrésistiblement liées. Est-il pensable que l'amour s'enracine dans les entrailles, que l'affection soit tricotée de chair, de sueur, de lourdeurs et de fatigues, et que cette affection nous affecte si profondément qu'elle réoriente notre manière de vivre, au point, parfois, de nous faire dérailler ? Est-il possible de dire ce qui nous arrive à nous, les mères, et ce qui nous est arrivé à nous, les enfants, à travers celles qui nous ont donné la vie ?

Il m'a semblé nécessaire d'oser une parole sur l'expérience de la maternité, et plus précisément de la grossesse, événement vécu par la femme enceinte, mais aussi par l'enfant qu'elle accueille. Plusieurs questions s'imposent : que signifie pour la femme de porter un enfant et de devenir mère ? Que signifie, pour l'enfant, de venir à la vie *dans* sa mère ? Qu'est-ce que ça veut dire, pour l'humanité, de naître « en relation » ? L'enfant, en effet, naît fils ou fille. Il naît à la fois d'une relation (de couple) et dans une relation (de filiation), relations vécues aussi bien sur le plan physique que psychologique, social ou spirituel.

Une rencontre inédite

Les philosophes ont souvent thématisé la rencontre de l'autre dans l'extériorité : l'autre est celui qui me fait face, dont je suis distinct, que je peux approcher mais dont je ne peux pénétrer l'intériorité, sinon par la médiation du langage (postures, gestes, paroles...). De lui j'attends l'amitié ou l'inimitié, l'échange ou l'opposition, mais par définition il m'apparaît toujours dans la distance et la séparation : c'est un autre moi qui n'est pas moi, toujours situé hors de moi. Il existe pourtant une relation toute différente, une rencontre intime et charnelle.

Cette rencontre particulière, vécue « de l'intérieur », mérite d'être étudiée : expérience déroutante pour la mère (et pour son entourage), elle se révèle plus profondément l'archétype d'une autre forme d'altérité. Dans la maternité, l'étranger n'est plus dehors, il est en moi. Son corps se forme dans le mien, qu'il déforme ; sa vie se greffe sur la mienne, la décentre et la renouvelle. Il ne s'agit plus de regarder l'autre comme un semblable, avec qui la relation n'est toujours qu'éventuelle. Ici, le corps à corps est premier, la solidarité, vitale : c'est l'un avec l'autre et l'un par l'autre que nous vivons, quelles que soient les divergences d'intérêt ou la dissymétrie de la relation. Et même si la grossesse se trouve interrompue, ce n'est jamais comme si rien ne s'était passé, car avec la disparition du petit être qui s'annonçait en moi, c'est tout un avenir humain (pour lui, pour moi), auquel il a fallu déjà se confronter, qui disparaît.

Si l'autre n'est pas dehors, mais dedans, il faut bien faire « avec ». On ne peut esquiver la rencontre, elle s'impose d'elle-même de l'intérieur et hypothèque l'avenir. C'est en moi et par moi que vit et grandit cet enfant et j'en porte *ipso facto* la responsabilité. L'expérience de la maternité vient bousculer la représentation d'un individu fermé sur lui-même, isolé et unifié, elle nous découvre ouverts, entrelacés, pétris les uns des autres et nous incite à repenser le rapport à l'autre à la lumière de la relation mère-enfant.

Traiter de la maternité dans toutes ses dimensions m'est vite apparu colossal. J'ai fait le choix de me concentrer sur l'expérience limitée mais irréductible de la grossesse, aventure inédite et inouïe, trop peu explorée, pour en chercher les caractéristiques les plus décisives. Il y a bien d'autres aspects dans la maternité, mais la grossesse en est l'expérience la plus évidente et celle qui sert de référence – de matrice ? – aux autres. Nous suivrons donc le processus de la grossesse, pour en mesurer les répercussions. D'un côté les bouleversements physiques et spirituels pour la femme qui devient mère, la redécouverte du corps, de soi dans son rapport à l'autre, impliquant un renouvellement des notions de liberté et de responsabilité. De l'autre l'approche du vécu de l'enfant *in utero* et de la relation originelle par laquelle il vient à l'existence.

Polyphonie

Je n'imaginais pas parler en mon nom propre d'un fait aussi commun. L'usage de la première personne m'a permis de rester au plus près du vécu, mais ce « je » ne livre pas un témoignage personnel. Il est le recueil de récits partagés et d'expériences croisées qui m'ont permis de corriger ou de confirmer certaines intuitions. Il rassemble les voix d'autres femmes, d'autres mères, dont les paroles ont nourri ma réflexion, et dont je cite parfois le témoignage direct. Je les remercie de m'avoir confié leurs impressions, leurs doutes et leurs surprises. Par souci de confidentialité, j'ai modifié leurs prénoms.

J'ai souhaité aussi rendre hommage, en les citant, aux auteurs dont la lecture m'a confortée et inspirée. Notamment aux femmes (essayistes, romancières, poètes...) qui ont su dire avec intensité, humour et tendresse, le tumulte de la vie naissante.

Naturellement la question de la maternité s'impose d'emblée comme un sujet « féminin ». Mais toutes les femmes ne sont pas mères, et si le désir d'enfanter est largement répandu, la maternité n'est plus considérée (du moins plus autant qu'autrefois) comme la condition d'accomplissement de la féminité. De nombreuses femmes vivent aussi la maternité sans connaître la grossesse. En outre, la femme enceinte, par son état, se trouve en marge du cours ordinaire de la vie. Dès lors, on pourrait considérer la grossesse comme une expérience exceptionnelle et exclusive, qui ne concerne que les femmes enceintes.

Pourtant, l'autre versant de la maternité concerne chacun de nous, il nous renseigne sur l'aube de nos vies. L'humanité prend sa source dans le corps des mères. Toute vie commence là, se forme et croît dans l'invisible jusqu'à la venue au monde officielle que marque l'éclat de la naissance. Cette origine nous est commune. La maternité nous dit que nous prenons chair dans le corps d'un autre. La première de toutes les relations que nous vivons, la relation originaire, c'est d'être conçu, enfoui, formé, englobé, porté, ballotté dans le corps d'une femme, puis d'être livré entre ses cuisses et recueilli par des mains, tenu dans des bras, déposé sur un ventre, lové contre un sein. Tout dans cette origine est chair et mélange, chaleur, intimité, caresse. Le tout-petit, invisible et inconnu des hommes, s'éveille à la vie dans la tiédeur profonde du sein maternel. Nous sommes tous issus de ce long et puissant corps à corps.

C'est pourquoi mon propos s'adresse à tous, hommes et femmes, parents ou non. D'aucuns se sentiront peut-être frustrés. Je parle peu du père, dont je reconnais l'indispensable contribution, non seulement dans la conception de l'enfant, d'où découle une indéniable responsabilité, mais surtout dans la capacité à s'investir dans ce projet d'accueil. Il pourra, par sa présence active et sa disponibilité, permettre à celle qu'il aime de vivre au mieux cette grossesse qui la déstabilise. Car l'expérience de la maternité peut isoler. Le père peut se sentir exclu, désarmé ou effaré devant l'événement, au point de s'en désolidariser ou du moins de se tenir à distance. La femme enceinte est parfois dépassée, ne comprend plus ce qui lui arrive. Pour le père, c'est d'autant plus difficile à suivre que, pour le moment, il ne lui arrive rien à lui, ou pas grand-chose : c'est *elle* qui gère. Il deviendra père plus tard, souvent à la naissance. Quand j'ai demandé au père de mes enfants à quel moment il s'était senti père, il m'a répondu : «Un matin, à 6 heures, quand tu m'as annoncé que tu étais sur le point d'accoucher et qu'il fallait partir à la maternité. Je me suis dit : c'est impossible ! On ne peut pas y aller, je ne suis pas prêt. À ce moment-là, je pensais : mais comment va-t-on faire pour élever un enfant, alors qu'on n'en a jamais eu ?» Les temporalités de la maternité et de la paternité ne sont pas tout à fait synchronisées... Chacun vit les choses à son rythme. Si je me concentre sur le vécu de la femme enceinte, pour décrire ce que je connais, ce n'est pas pour écarter le père. Au contraire, insister sur le désarroi des futures mères et l'ampleur de ce qu'elles vivent, c'est réclamer la présence et le soutien des proches, en premier lieu du père.

C'est aussi s'essayer à bricoler une passerelle, pour proposer à ceux qui ne vivront jamais cette expérience dans leur chair d'oser, le temps d'un livre, une immersion dans l'intimité du corps d'une femme enceinte. C'est leur suggérer de se mettre à l'écoute du cœur vibrant de leurs mères, de leurs compagnes, de leurs sœurs, ou plus tard de leurs filles, pour les rejoindre un peu s'il est possible dans ce qu'elles vivent au plus profond d'elles-mêmes.

Je devine que ce récit ne pourra pas toucher de la même façon celles ou ceux dont le désir d'enfant demeure inassouvi. J'imagine qu'il pourra ébranler ceux dont l'histoire familiale (en particulier maternelle) et la petite enfance ont été douloureuses, ou qui n'ont pas connu leurs parents biologiques. Je n'ignore pas qu'il est des souffrances que les mots ravivent au lieu d'apaiser. Des blessures que rien ne répare, des manques que rien ne peut compenser. Des questions sans réponse. Pour elles, pour eux, mes mots sont un simple partage, inévitablement maladroit, pour dire combien, malgré les épreuves qui séparent, d'invisibles liens sont tissés entre nous depuis l'origine de nos existences.

Ce livre est pour tous un appel à redécouvrir et resserrer ces liens qui font la trame de notre humanité. C'est une invitation à un voyage intérieur, vers le cœur palpitant de la vie, vers nos premières sensations et nos premiers échanges.

Un retour au pays natal.

Genèse

Succession

Ma vie a commencé il y a longtemps, dans le corps de ma mère. Conçue d'un homme et d'une femme, je suis née d'une femme, elle-même née d'une femme, elle-même née d'une femme, et ainsi de génération en génération, à l'infini... On pourrait rêver que ce soit autrement : qu'on sorte des fleurs, les princesses d'une rose, d'autres d'un nénuphar, les garçons d'un légume, chou vert, chou rouge ou chou-fleur selon le climat ou la couleur de peau. Cela ferait de belles histoires, bigarrées de rencontres étonnantes. On aurait pu naître d'un œuf, abandonné sur la plage, comme les petites tortues luth qui se précipitent vers l'océan en s'extirpant de leur coquille, ou comme les dragons des contes. Nos géniteurs auraient pu nous pondre par milliers au creux du corail, comme font les poissons, qui pour certains défendent vigoureusement leurs œufs des prédateurs – tel le baliste titan des eaux tropicales, qui émet alors paraît-il de si puissants grognements qu'on les entend sous l'eau.

Mais nous sommes des mammifères, les mammifères ont une mère, qui par définition a des « mamelles » et qu'affectueusement, dans la langue française, on appelle « maman », peut-être en souvenir de ces mamelles que nous avons goulûment tétées, car les mères qui nous ont allaités sont aussi devenues notre nourriture. J'ai donc une mère. Forcément aussi un père, mais il n'a pas joué le même rôle dans mon apparition. J'ai été conçue et j'ai commencé à grandir *dans* ma mère, cela a pris un certain temps, elle m'a portée pendant des mois dans son ventre, au point d'en être toute déformée, presque méconnaissable, et je suis finalement sortie de ma mère, ce qui pour elle n'a pas dû être une partie de plaisir. Voilà d'où je viens. Depuis toujours, tout le monde vient au monde de la même façon, les filles comme les garçons, d'une chair vivante et personnelle, d'un être humain pour nous unique, dont nous avons habité le corps, non pas son « chez-elle », mais « elle-même ». C'est banal mais incontournable. Pendant neuf mois nous formions un « nous » indiscernable, un être hybride, un binôme, elle et moi, et ses amis demandaient à ma mère, au pluriel, avec un sourire complice : « Comment allez-*vous* ? »

Je suis née d'une femme, et je suis née fille. Cela n'a rien d'extraordinaire, et pourtant, cela signifie que, sauf pathologie ou incident, je serai potentiellement capable de la même prouesse. « Avoir un bébé dans mon ventre », comme disent les petites filles, le voir naître de moi, devenir mère à mon tour. De mères en filles se sont ainsi formées de longues chaînes ininterrompues de femmes enceintes, telles une série de matriochkas imbriquées les unes dans les autres. La métaphore est erronée, car elle néglige le père, sans qui rien ne serait possible. Pourtant, elle est parlante : par ce corps accueillant, les filles ressemblent à leur mère, pas les garçons. Aucun humain ne sortira de leur corps, ni de leur ventre, ni du côté d'un Adam, ni de la cuisse d'un Jupiter, ni de la tête de Zeus… L'essayiste Nancy Huston fait l'hypothèse, dans son *Journal de la création*, que les hommes ont cherché dans les mythes à réparer cette injustice, à compenser par d'habiles subterfuges littéraires l'affront qu'ils subissent de provenir d'une femme et de ne pouvoir donner naissance à aucune. Que cela plaise ou déplaise à celles-ci ou à ceux-là, nous n'avons pas le choix, nos corps sont ainsi faits.

Le temps a fait son œuvre. La vie suivant son cours et mon corps sa croissance, j'ai peu à peu quitté les jupes de ma mère pour enfiler les miennes, et suis devenue à mon tour cette jeune femme, capable d'enfanter.

Le cycle de la vie

Chaque mois, tout recommence.

La fatigue, les jambes lourdes, parfois des douleurs dans les reins, le bas-ventre. Je connais bien ces signes… Néanmoins, ils me prennent souvent de court. Me voilà arrêtée en plein élan, freinée et contrariée dans mes activités par cette hibernation spontanée du corps. Baisse de régime et de moral, perte d'inspiration, perte de vitesse.

Indisposée, indisponible. Dans nombre de cultures traditionnelles, la femme est à ce moment-là mise à l'écart : impure par le sang, inefficace pour l'action. Autre culture, autre temps, je revendique parfois de pouvoir lever le pied, et choisirais bien volontiers la quarantaine salutaire. Ne me demandez pas d'être aussi joviale, sociable et dynamique que d'habitude, laissez-moi seule avec ma fatigue. Mon corps me lâche, me fait défaut, il se vide, il prend des vacances, et je n'y peux rien. Il est dans ma nature d'avoir des hauts et des bas. Revenez dans quelques jours, le creux de la vague sera passé, la sève de la vie irriguera de nouveau tout mon être et je serai plus énergique, positive, entreprenante. Pour l'heure, laissez-moi un peu de temps avec moi-même : mon corps aussi veut me parler, il réclame le silence et le calme.

Bien souvent le cycle féminin est vécu comme une contrainte pesante, pour les femmes, mais aussi pour les hommes, parfois décontenancés par les sautes d'humeur et les revirements de situation dans les relations qu'ils vivent avec leur compagne ou leurs proches… Dans *Belle du Seigneur*, Albert Cohen s'en amuse. La belle Ariane prend congé de son pitoyable mari, Adrien Deume, par l'argument imparable.

– J'ai mal à la tête, il faut que je rentre, dit-elle en se levant.

– Mais oui, bien sûr, je te ramène en vitesse.

– Non j'ai besoin de rester seule. Je vais être peu bien.

Il n'insista pas. Il savait qu'il fallait être prudent lorsqu'elle prononçait la phrase redoutable, mensuel signal de danger, présage de susceptibilités, d'humeurs, et de pleurs à tout propos. Elle n'était pas à prendre avec des pincettes, surtout le jour d'avant. Se tenir coi, dire amen à tout, se faire bien voir.

– D'accord, chérie, dit-il, prévenant et discret comme nous tous en pareille occasion, et comme nous tous, mes frères, soumis devant l'arrivée imminente du mystérieux dragon de féminité.

Albert Cohen, *Belle du Seigneur*, p. 91-92.

Mon irritabilité s'explique par une baisse hormonale. N'est-elle pas aggravée par ma négligence ? Négligence et mépris pour ce corps qui me demande un peu d'attention, qui me rappelle à lui, alors que je m'évertue à poursuivre mes activités comme si de rien n'était, comme si je pouvais faire sans lui. Si je suis irascible, c'est peut-être aussi parce que je ne parviens pas à m'ajuster à lui, à laisser mon corps s'exprimer, à lui accorder ce repos dont il a besoin pour m'émerveiller de sa lente recréation intérieure. J'ai encore à apprendre l'écoute et la docilité confiante dans l'élan féminin de la vie.

Le cycle biologique est pourtant riche de potentialités et de promesses. Ma vie physiologique s'inscrit dans ce cercle.

Pause réglementaire, qui m'apprend la patience et réveille ma sensibilité. J'assiste, passive, au rituel. Je ne fais pas ce que je veux de ce corps-là, il a sa vie propre, rythmée, et me rappelle à sa puissance.

Et le sang s'écoule, ce fleuve de vie me passe au travers et s'échappe, emportant ma vitalité; me laissant affaiblie, vulnérable. Constat d'impuissance et de fragilité.

Le sang est aussi messager, il porte la nouvelle de la non-conception: cette fois encore, rien ne change. Je reste la même. Parfois soulagée, parfois déçue. Seule avec moi-même. Féconde infécondée.

Mon corps èst cette place forte, disponible. Cet abri potentiel, berceau de tant d'êtres possibles qui jamais ne verront le jour, mais chaque mois sont attendus malgré moi par ce corps entêté. Toute ma physiologie s'ordonne à cette attente. Avec régularité, avec persévérance, avec l'obstination d'une vie qui veut se transmettre et refuse de manquer la moindre occasion, mon corps chaque mois se fait espace, terreau hospitalier, logis charnel. Je peux devenir à moi seule un nid, une pouponnière, un cocon.

Ma disposition à la maternité, je la vis chaque mois dans mon corps. Sans vivre la maternité, et sans être en couple, j'y pense tous les mois: mon corps me rappelle que je peux être mère, qu'il y a de la place pour un autre, une disponibilité à accueillir la vie (Bérénice).

⁝

À neuf

Horloge bien réglée de mon corps
Tu bats la mesure des jours et du temps
Grosso modo trois fois neuf, vingt-sept
De mois en mois, toujours,
Tu me renouvelles
Les vagues recommencent leur incessant manège
Croissance, fertilité, décroissance, latence
Printemps, été, automne, hiver
Je suis Terre, je suis Lune
En mon corps de saisons

Quand la vie s'enracine
Le temps se réinvente
Nouveau compte à rebours
Neuf mois
Neuf fois trente jours
Pour une vie nouvelle

Et mon corps se souvient
Longtemps après, longtemps
Et dehors, et dedans

Mon corps, marbré de mes grossesses
Distendus mes deux seins
Élargi mon bassin
Écrasées mes vertèbres
Sous le poids de l'enfant ballotté
Et dedans, et dehors

Trente fois douze mois
Trois cent soixante cycles
Quarante fois neuf mois
Quarante vies possibles
Inexplorées

Puis le flot ralentit
La source se tarit
Et s'apaise en mon corps…

Pour sourdre,
Insoumise et neuve, infinie,
Dans le corps de mes filles

Un jour ce sera fini tout ça, fini la roue qui tourne et qui revient sans cesse, fini la ritournelle de la vitalité. Ce sera le calme après les tempêtes, la fin des hauts et des bas, la certitude après l'incertitude. Ma fertilité prendra sa retraite et la stérilité sera irréversible.

J'entrerai dans un autre temps, linéaire comme celui des hommes, sur un chemin qui va tout droit, comme eux. Droit vers la fin du temps. Ce sera l'heure peut-être des réconciliations. L'heure de la sagesse entre l'homme et la femme : l'âge atténuera nos différences, nous nous prendrons la main pour avancer ensemble vers l'horizon, avec nos corps devenus tendres et paisibles.

Mais nous n'en sommes pas là, nous sommes au temps du face-à-face, tendus l'un vers l'autre par l'élan du désir et l'appel vigoureux de la vie qui rugit entre nous. Aujourd'hui la vie roule en moi : c'est un feu qui s'entretient tout seul et qui, même quand il dort, couve encore sous les braises, tel un phénix. Dans mon corps la vie tourne en rond pour trouver un passage, une issue à la mort, un moyen de nous régénérer tous, les hommes et les femmes.

Aujourd'hui j'ai la vie devant moi, au-dedans.

Donner son corps

Cette vie me donne l'occasion de tisser avec les autres d'innombrables relations. Parmi les formes de coopération possibles entre deux êtres, une se distingue entre toutes. Le désir amoureux fait naître l'intention de tout partager : impressions et sentiments, rêves et convictions, joies, quotidien, épreuves, pour avancer ensemble, soutien l'un de l'autre, chacun devenant le veilleur d'un bonheur à construire à deux.

Dans l'amour des amants s'exprime tout particulièrement la quête d'une union la plus intense possible. La soif de cette intimité partagée trouve sa plus haute expression dans l'union sexuelle : quand l'embrassement des corps permet de chercher le plaisir et le bien de l'autre autant que le sien, nous célébrons de tout notre être la joie de lier nos vies. Dans l'étreinte sincère, nous affirmons notre désir de nous fondre l'un dans l'autre. Sommet de la rencontre, le don charnel, quoiqu'éphémère, caresse le projet fou de s'appartenir mutuellement et totalement, de partager jusqu'aux corps.

Si la jouissance de la présence de l'autre atteint son paroxysme dans l'amour physique, elle nous rappelle aussi notre différence, justement parce qu'elle ne dure pas. Fusion fugace. Nous avons d'autant plus besoin de nous rapprocher que nous sommes irrémédiablement deux, distants et distincts. Nos corps ne peuvent se retenir l'un l'autre. Quand ils se sont donnés, ils ont donné tout le possible et se retrouvent séparés dans une proximité complice, solidaires mais juxtaposés. Chacun reçoit en lui la nostalgie de l'autre. L'union nous rapproche sans nous souder. Nous pourrons seulement, de semaines en semaines et d'années en années, nouer et renouer les liens charnels et spirituels entre nos personnalités. Enlacer nos cœurs, nos corps et nos pensées.

Ce désir puissant d'unité avec celui que j'ai choisi d'aimer peut me conduire à lui offrir ma vie et ma liberté, dans une relation de dépendance et d'entraide quotidienne. Dans cette intimité naissent des projets communs. C'est le début d'un état de vie où l'on réfléchit à deux et pour deux, où les perspectives ne sont plus miennes mais nôtres. Projets de voyages et de découvertes, d'engagements ou de carrière, de vie de famille…

Enfants de rêve

Vient souvent le désir d'enfant. Désir d'incarner l'union de nos vies par l'engendrement d'un nouvel être mêlé de nous, alliage fascinant. Désir d'excéder le don mutuel par un surcroît d'amour…

Ensemble on se prend à rêver, le cœur s'emplit d'enfantillages. La conception s'ébauche dans l'imaginaire : on les voit déjà, et l'esprit les dessine. Des joues rondes à croquer, des mains potelées à caresser, et de tout petits petons à embrasser. Je sens d'ici l'irrésistible odeur de caramel dans leur nuque, juste sous le duvet de cheveux fins et soyeux. Un paquet de chair tendre et douce à cajoler.

Sûrement je croiserai ton regard dans leurs yeux bleus, et tu t'attendriras devant la courbe familière de leurs sourcils ou de leurs lèvres. Ils auront un air de toi ou de moi (une expression fugitive, une mimique irréfutable), mais tout le reste nous surprendra de nouveauté. Ils seront comme personne, et ce sera un ravissement de les découvrir et de les voir grandir : devenir quelqu'un.

Chez nos parents, nous irons fouiller les greniers pour dénicher un vieux landau, une chaise haute, de la layette. Et les inusables : figurines, poupées, jeux de construction, dînette. Tu accrocheras aux barreaux du petit lit en bois un mobile enchanté qui jouera tous les soirs la berceuse de Brahms. La nuit nous nous lèverons à tour de rôle, moi pour allaiter, toi pour donner un biberon, changer une couche ou tenter de retrouver, à tâtons, une tétine. Nous dormirons peu et mal et nous aurons des cernes, mais pour rien au monde nous n'échangerons nos fatigues.

Les jours seront un long câlin. Je saurai faire les bisous magiques qui peuvent tout consoler et toi, tu prendras dans tes bras nos petits explorateurs épuisés d'avoir sillonné l'univers. Ils nous diront des mots tordus et ce sera « cro mignon ». Je leur apprendrai des comptines d'ici et d'ailleurs et j'inventerai des histoires du soir, bien au chaud sous la couette. Tu leur réciteras La Fontaine, Molière et Cyrano. Nous applaudirons (parfois sans conviction, mais avec le sourire) leurs exploits sportifs et leurs audaces musicales ou artistiques. Pour les vacances, nous partirons en famille à l'aventure, vers de nouveaux horizons. Leur naïveté nous dessillera le regard et leur spontanéité sera la clé de fabuleuses rencontres…

La maison s'emplira de rires et de fraîcheur. Le parfum des goûters d'antan s'échappera de la cuisine : pop-corn maison, chocolat chaud et sablés aux pépites, pétris à quatre mains. Il y aura de l'eau partout autour de la baignoire. La corbeille à linge deviendra une montagne branlante. Tu pesteras en te prenant les pieds dans les jouets qui traîneront sur les tapis. Je verrai rouge en découvrant la nouvelle déco sur le papier peint du salon, au feutre noir. Ce sera un joyeux bazar. Ça va nous rajeunir. On va tout reprendre à zéro et on aura le droit de faire les fous, à nouveau.

La nuit un petit corps chaud et larmoyant viendra se blottir entre nous avec son doudou, pour échapper au gros cauchemar. Il n'y aura pas de bonheur plus grand que de le sentir là, tout contre soi. Nous serons éreintés, vidés, mais ce sera l'évidence, la légèreté, l'enracinement de tout. Ensemble nous serons le monde entier. Avec un puits d'amour en plein milieu, intarissable.

Contrariétés

Dans nos rêves en tandem, le bonheur paraît simple et limpide. La vie de famille défile, trépidante, radieuse, multicolore. Mais dans les soubresauts de la réalité, parfois d'autres histoires se jouent, sans pour autant que ces aléas n'émoussent le sens profond de l'idéal.

Tout désir a son opacité. Dans le désir d'enfant, il arrive qu'on rencontre aussi le désir de mettre à l'épreuve ou de prouver l'amour. Le désir pulsionnel de prolonger la vie, ou culturel de transmettre ce que l'on a reçu. Le besoin de s'accomplir par la génération, de reproduire ou de réparer le schéma familial, de répondre à une injonction sociale.

La peur de vieillir ou de mourir sans laisser de trace... Les raisons peuvent être multiples, en partie souterraines, et parfois le désir d'enfant est si fort qu'il les domine toutes. La vie veut se transmettre : elle nous pousse au-delà de nous-mêmes.

Toutefois, le désir d'enfant ne se satisfait pas lui-même. Demeure toujours une incertitude, car la vie est un don et rien ne garantit que nos attentes seront comblées. Parfois, c'est justement notre vitalité que l'on veut éprouver, pour voir. Mais la vie a le dernier mot. Ou plutôt le premier.

Elle a volontiers l'esprit de contradiction : elle déçoit où fleurissait une sublime et généreuse espérance, elle s'invite où personne ne voulait rien. Combien de couples sont allés, comme nous, de surprise en surprise, de déconvenues en catastrophes ? L'enfant désiré ne vient pas. La grossesse engagée s'interrompt sans prévenir. La suivante s'annonce à l'improviste quand, pour distraire l'impatience, on s'était lancé dans un autre projet – ou sur le tard, quand on se préparait au départ de l'aîné. On peut bien poser nos conditions et nos limites, planifier les naissances, tenter de réguler sa puissance, la vie n'attend pas toujours notre accord. Elle semble dédaigner nos *ex-voto*, ignorer nos mérites comme nos défaillances, et parvient à déjouer jusqu'à nos *veto*.

Tantôt c'est le désir amoureux qui déborde, tantôt la vie elle-même qui poursuit son propre désir. Elle n'exige même pas l'amour sincère. Car on peut faire l'amour sans aimer. Par habitude ou par curiosité. Pour prouver quelque chose, à soi, à l'autre, à d'autres. Par défi ou pour vaincre la solitude. D'ivresse ou de désespoir. Folie des cœurs et des corps chavirés.

Dans nos existences savamment orchestrées, l'enfant surprise s'annonce en catastrophe. Pour l'indésiré – ou à cause de lui –, on craint le malheur. Là non plus nos pronostics ne valent pas grand-chose. Le goût et la rage de vivre n'appartiennent à personne en exclusivité, le bonheur en lui-même défie les statistiques et les surprises ont parfois des frimousses enfantines au charme insoupçonné. Elles trouvent alors le chemin des cœurs et viennent se faire une petite place au milieu des projets chahutés.

La vie est souveraine. Ses décisions semblent arbitraires. Le plus souvent pourtant, elle choisit pour berceau la tendresse. Alors, du cœur de l'amour surgit la vie neuve, fragile et palpitante. Et les amants s'étreignent avec au fond d'eux-mêmes un désir généreux d'absolu et d'éternité.

Faire un enfant

> Qu'est-ce qui nous a pris ce jour-là ? [...] Mais d'où vient cette folie que les gens ont des enfants – qu'ils décident d'avoir cette outrecuidance ? Pour qui se prennent-ils ? Est-ce qu'ils savent ce qu'ils font, est-ce qu'ils ont bien conscience de tout ? Non, en fait, personne n'a rien compris. Comme le Bourgeois gentilhomme, ils font de la métaphysique et ils ne le savent pas. Ils font l'acte le plus commun et le plus inouï, qui consiste à reproduire l'humanité, en prenant en charge

un petit d'homme. En étant responsables d'un autre, alors qu'ils ne le sont pas d'eux-mêmes. C'est vertigineusement banal. Ils se mettent à la place de Dieu, en toute innocence.

Éliette Abécassis,
Un heureux événement, p. 14-15.

Il n'y a qu'un pas de faire l'amour à faire un enfant : un seul acte, deux intentions possibles, que l'on choisit de joindre ou disjoindre. La rencontre de nos deux corps bien distincts peut conduire à la discrète fusion de deux cellules de vie. Chaque être humain est le fruit d'une telle rencontre. Avant d'être un individu nouveau, unique et imprévisible, il est l'entrelacs de deux êtres. Son patrimoine génétique, ses traits physiques et ses traits de caractère sont tissés de ces autres qui lui ont donné la vie, parfois sans y penser.

Dès la conception s'enclenche en moi un processus inédit. La rencontre d'un ovule et d'un spermatozoïde reste inaperçue, mais dès la fécondation l'embryon provoque une série de réactions en chaîne dans mon corps, qui accueille et nourrit ce corps étranger. Cette circonstance originale de « greffe naturelle » fascine les médecins : sauf pathologie, cette greffe se produit sans rejet. Le malaise des premiers mois en dit long sur le bouleversement biologique (et psychologique) qui est à l'œuvre : le corps d'un être humain se forme au fond du mien. Si les premiers échanges intentionnels ne se feront qu'au bout de quelques mois, les échanges nutritifs interviennent dès les premières semaines. Mon corps change de polarité et se décentre pour servir l'invisible enfant, dont j'ignore encore la présence.

Une vingtaine de jours après la conception, alors même qu'un tout petit cœur se met à palpiter, le mien s'emballe devant la confirmation de mon nouvel état. Cette découverte, parfois longtemps espérée, peut être une joie immense, qui me comble et rayonne, lumineuse promesse. Elle n'est pourtant jamais libérée d'une certaine inquiétude, devant le murmure si ténu de cette vie qui commence, et la radicalité des changements qu'elle annonce. Quelle que soit ma situation à cet instant, quel que soit mon désir, ma vie bascule.

Le séisme de l'annonce

> Nous avons acheté le test de grossesse à une fille rêveuse assise à la caisse de la pharmacie. Martin m'a dit que j'étais ravie quand il s'est révélé positif, mais je n'étais pas ravie, j'étais choquée et émerveillée peut-être, mais surtout profondément choquée.
>
> Anne Enright,
> *Le Choc de la maternité*, p. 21.

Vertige

Ça me tombe dessus, mais du dedans. Séisme intime sans équivalent. Glissement de terrain au cœur d'un moi que je croyais stable, clos, hermétique. Fissure : « Je suis enceinte. »

Cette révélation me bouleverse autrement que toute autre annonce. On ne m'apprend pas ici une maladie grave ou une rémission, ni la réussite à un examen ou l'aboutissement d'un projet (autant d'événements qui peuvent dévier le cours de l'existence). Ce n'est pas non plus simplement un « événement » qui m'attend – une grossesse, un accouchement. Il est proprement question d'annonciation, de transcendance et de mystère : ce qui s'annonce, c'est l'apparition d'une nouvelle personne, quoiqu'encore indéfinie et inconnue. Je porte la responsabilité de sa conception, à laquelle j'ai participé par le corps et l'esprit sans pour autant la maîtriser. Il est donc possible d'ajouter une vie à nos vies, de se dédoubler, de procréer d'autres personnes ? Il y a ici transcendance, parce que je suis dépassée et surpassée par *ce qui* – précisément par « cet être qui » – m'arrive, par le surgissement d'une autre vie humaine et personnelle dans mon corps et ma vie personnels.

Projet mûri d'un couple, fruit de l'amour de deux êtres, ou « accident » qui vient contrecarrer d'autres projets, c'est quand même toujours d'abord *à moi* que cela arrive, parce que c'est *en moi* que cela se joue. Je ne suis plus la même, je ne suis plus *moi-même*, je porte la vie d'un autre.

J'ai pu souhaiter ce moment, le désirer de tout cœur, tout faire pour qu'il arrive, c'est toujours un vertige : je ne suis plus seule en moi-même. Je ne serai plus jamais seule. Me voici augmentée d'une vie nouvelle. Responsable pour deux. Responsable d'un autre que moi. En suis-je digne ? Serai-je à la hauteur ? Les conditions sont-elles réunies pour garantir que cette existence aura des chances d'être belle, épanouie ? Qui sommes-nous pour assumer la destinée d'un nouvel être humain, veiller sur lui et contribuer à son bonheur ? Saurons-nous, lui, son père et moi, affronter l'avenir, la violence du monde, l'incertitude ? Est-il bien raisonnable de plonger un innocent dans la vibrante folie de l'existence ?

Pour le père, si l'enfant était désiré, il y a rarement cette ambiguïté des sentiments : la conscience d'une responsabilité inédite, l'impression de devoir répondre de la vie de cet enfant ne se manifestent souvent que plus tard, après la naissance. Pour le moment, je porte seule ce poids et cette incertitude. Ce décalage permet au père, s'il joue son rôle, d'être rassurant et tranquille. Lui n'est pas transformé en profondeur, il est resté le même, celui que j'ai choisi et que je connais, avec qui le projet s'est affirmé, celui qui m'accompagne et m'encourage, celui qui n'a pas peur (il ne la mesure pas encore) de ma propre transformation ; il est le port, le pôle, le point d'ancrage.

Pour moi, le cycle se brise, l'équilibre du toi et du moi vacille, le confort régulier des jours s'effondre, la frontière de mon intimité se dissout pour ouvrir un passage à l'inconnu. J'entre dans une autre temporalité, linéaire cette fois, qui va de la conception à la naissance, mais s'étend bien au-delà, jusqu'à l'horizon incertain de la vie future de cet enfant, jusqu'au-delà de mes propres jours.

En moi se lève l'aube de l'humanité à venir.

Insondable origine

Il est troublant de constater combien l'origine de cette vie nouvelle reste secrète. Nous pouvons connaître le jour et l'heure où nous nous sommes unis, nous ne savons rien de la conception. L'événement qui aura dans notre vie sans doute le plus d'incidence – concevoir un enfant – nous échappe. Rien ne garantit que la fécondation aura lieu. Rien ne permet de prédire si la croissance de l'œuf se poursuivra ou s'il sera éliminé dans les premières semaines, ni de choisir à qui l'enfant ressemblera, de quel sexe il sera. L'être nouveau qui est conçu échappe à tous les regards et à toutes les prédictions.

Même quand le projet d'enfant est mûrement réfléchi, on rate le début du film, on ne peut savoir qu'après coup. L'idée nous traverse l'esprit ou nous obsède et l'on se décide à faire un test de grossesse. Ou bien les règles attendues ne viennent pas : on comprend qu'une histoire inconnue est en cours, dont on cherche à remonter le fil pour savoir où et quand elle a commencé. Il faut parfois décompter à rebours, suivre le tempo des amours jusqu'au *big bang* inaccessible.

Est-il possible que nous nous soyons si bien unis qu'un peu de toi et de moi ait fusionné ? Nous avons pu l'espérer et la préméditer, la fusion pourtant nous échappe. Nous avons pu conjuguer nos désirs les plus profonds et les plus sérieux, guetter le moment favorable, dater les étreintes, recalculer plus tard avec l'échographie, cette rencontre de paillettes ne nous appartient pas. Le grand loto des gamètes joue les alchimistes et confectionne à notre insu un être de mystère.

Il est vrai qu'aujourd'hui les performances techniques de l'assistance médicale à la procréation semblent réduire l'incertitude. Là où l'enfant se fait attendre, la « médecine procréative » propose des interventions de plus en plus poussées et planifiées. Examens, opérations ou traitements permettent parfois de restaurer ou de favoriser la fertilité. Dans certains contextes, on peut, en apparence, presque tout choisir : les moyens et le moment de la conception, les gamètes et l'embryon, notamment si l'on veut éviter la transmission d'une maladie génétique… Aux États-Unis, au-delà de la visée thérapeutique, on peut aller jusqu'à sélectionner les éventuels donneurs sur catalogue (selon leur âge, leur physique, leurs diplômes...), puis l'embryon selon ses caractères génétiques, pour choisir le sexe de l'enfant et bientôt la couleur de ses yeux… Une emprise aussi décisive sur l'origine d'un être n'est pas sans poser question.

Mais en définitive, l'incertitude ne sera jamais surmontée : la réussite de l'entreprise reste aléatoire, et l'arsenal technologique est à la mesure de notre sentiment d'impuissance à maîtriser la vie. Si aucune tentative n'aboutit, l'échec sera d'autant plus décevant que les traitements peuvent être lourds, intrusifs et parfois traumatisants pour la femme qui en subit physiquement les conséquences. Le couple se trouve aussi fragilisé par les sacrifices auxquels il a consenti : il est d'autant plus démuni qu'il a remis sa fertilité, sa sexualité et son projet d'enfant entre les mains d'un tiers. Si par chance l'entreprise réussit, nul ne sait pour autant ce que deviendra l'embryon conçu ou élu par la science. Même quand la technique s'en mêle, l'enfant futur reste indocile, insaisissable…

Quoi qu'il en soit, il n'est pas ordinaire ce jour où, en réponse à nos espoirs ou à nos angoisses, on apprend la nouvelle. Notre horizon vacille : un tout petit poisson frémit dans l'aquarium, un minuscule têtard qui ne ressemble encore à rien et déjà à nous, un drôle de mélange d'il et d'elle, une équation toute neuve, telle que le monde biologique n'avait jamais encore eu l'occasion de la tenter, avec des *x* et peut-être aussi des *y*, insoupçonnée, invisible, impalpable. L'inconnu qui change tout.

Le grand chambardement.

Dés-unions

Cette nouveauté consacre notre union. Voilà que se forge entre nous un lien de chair, indissoluble. Nous pourrons nous contredire, nous disputer, nous séparer peut-être, un pacte est désormais scellé dans la chair de *notre* enfant.

Étrangement, l'intrusion d'un tiers déstabilise l'amoureux équilibre de notre duo. L'union prolongée des corps, qui n'était pas possible avec l'amant, s'impose dans la maternité. La conception de l'enfant provoque alors deux mouvements corrélatifs, que nous n'avions pas anticipés.

D'un côté elle m'éloigne un peu, pour un temps, du père, car l'homme auquel je désirais tant être unie ne peut partager ce que je vis que de l'extérieur. De l'autre, elle me relie à l'enfant, révélant de nouvelles modalités de l'attachement. Celui que j'aime et que j'ai choisi reste en retrait, tandis que surgit dans mon corps un être inconnu que j'ai pu désirer sans pourtant le choisir et dont je me demande si, et comment, et combien je vais pouvoir l'aimer.

> Reprends-toi. Cela n'a rien d'extraordinaire. Elles l'ont toutes fait avant toi, ta mère, tes tantes, les autres, les en corset, les médiévales, les préhistoriques. Pas un homme, non, aucun homme ne l'a fait, et cela te choque. Cette façon d'être séparée, de te trouver retranchée dans un camp, face à l'autre. Comment ferons-nous, après, pour nous parler ? Moi, je l'aurai fait et lui pas. L'inégalité à jamais. Toi qui voulais tout partager. C'est du joli.
>
> Agnès Desarthe,
> « Les mois, les heures et les minutes »,
> dans *Naissances*, p. 59-60.

Les deux amours se prolongent : l'amour de l'amant rend possible celui de l'enfant. Les deux unions s'enchaînent mais peuvent désormais entrer en concurrence. L'amour naissant pour l'enfant va-t-il renforcer ou menacer celui du couple ? L'enfant peut-il destituer l'amant ? L'amour maternel, plus viscéral, ne risque-t-il pas de mettre en péril l'amour conjugal ? Comment maintenir ensemble les deux amours et inscrire le cercle intime et fusionnel du lien mère-enfant dans celui, plus large et réfléchi, du couple ? La perspective d'une naissance implique de trouver un nouvel équilibre pour passer de deux à trois, et peut constituer une première épreuve pour les amants qui deviennent parents.

Nous avons conçu l'inconcevable : mon corps fait corps avec un inconnu. Me voici unie pour longtemps – pour toujours – à un être qui ne ressemble encore à rien ni à personne. Quelle sorte de liaison va naître de cette étrange union charnelle ? Quels nouveaux sentiments de ce long corps à corps ? D'avoir été si proches, si indissociables pendant des mois, ne resterons-nous pas à jamais marqués l'un et l'autre ? D'avoir échangé nos sangs, notre nourriture, nos sensations, notre quotidien, notre chair, pourrons-nous vivre ensuite l'un sans l'autre ? L'enfant ne sera-t-il pas comme une part de moi-même, un prolongement vital de ma vie ? Ou bien, lui qui vient après moi en moi, risque-t-il de prendre progressivement la première place, de m'effacer ?

Désormais, quand je regarde mon nombril, c'est un autre que je vois, sans deviner qu'il deviendra bientôt plus essentiel pour moi que moi-même.

Nous chevauchions
tous deux ensemble
notre désir
aussi simple que flou :
faire naître la vie entre nous,
compter jusqu'à trois…

Et te voilà, Toi,
petit rien qui change tout !
Inconnu et sauvage,
tu rues dans les brancards
de nos attentes.
Rétif, tu caracoles,
mon horizon bascule
et tu piétines toutes mes prétentions.

Tu m'as assiégée,
envahi ma place.
Tu m'as désarçonnée,
petit cheval de Troie.

Métamorphose

Si Kafka avait été une femme, Gregor Samsa n'aurait pas eu besoin de se transformer en insecte. Gregor aurait été Gretel, et elle se serait réveillée, un matin, enceinte. Elle se serait retournée dans son lit, pour découvrir qu'elle était coincée sur son dos, ses petites pattes tendues inutilement en l'air.

Anne Enright,
Le Choc de la maternité, p. 21.

Décentrement

En apprenant que je porte une vie nouvelle, je peux me sentir dépossédée de la mienne. Ma liberté est menacée de l'intérieur par ce cheval de Troie qui peut compromettre tant d'autres projets. Nul n'ignore qu'à sa naissance, ce petit être va tout changer, et tout déterminer. Il faudra non seulement lui faire matériellement une place, mais lui accorder la priorité dans tous les choix de l'avenir : où allons-nous vivre ? Comment travailler ? Qu'est-ce qui sera le mieux pour lui ? Pour nous ?

Il n'est presque rien encore – quelques millimètres d'humanité –, il n'a rien demandé, rien exigé, mais sa simple existence conditionne la nôtre et peut apparaître comme un véritable danger, par cette fragilité même qui engage notre responsabilité : nous aurons à répondre de ce petit.

Pour moi, le bouleversement est total, radical. Commence une lente métamorphose intime qui n'atteint pas seulement mon corps, mais tout mon être : mes préoccupations, ma sensibilité, mes valeurs, mon univers intérieur et ma sécurité. Je prends progressivement conscience que je porte l'imprévisible ; il me faut renoncer à planifier les choses, apprendre à lâcher prise, me laisser faire pour laisser venir, laisser croître, laisser être.

C'est déroutant. C'est beau, mais angoissant ! Je me disais : « est-ce que je vais avoir la patience pour m'en occuper tout le temps ? Est-ce que je vais perdre ma liberté ? » Je suis très attachée à mon indépendance, à mes voyages et à mes activités... et là, il faut renoncer à sa liberté.

Ma liberté doit mûrir. Avant, j'étais juste une étudiante qui fait ce qu'elle veut, s'organise comme elle veut, a les moyens de décider seule de sa vie. Là, je vais devoir passer à un autre niveau de liberté : accepter de vivre ce qu'il m'est demandé de vivre, c'est la liberté de servir, d'aimer l'enfant que j'ai mis au monde. Je ne veux pas renoncer à mes petits plaisirs et être dévouée au point de ne plus rien faire pour moi, mais je sais qu'il faut se rendre disponible.

Il faut une étape de dépassement de ma vie d'enfant. Je quitte l'enfance. Par le mariage, je m'attache à quelqu'un, c'est déjà une étape. Mais avec l'enfantement, c'est un niveau supérieur : on passe à la génération suivante. À partir de cette annonce commence une réflexion sur ma propre enfance. Je me place dans l'intergénérationnel. Je pense à ce que je dois à mes parents, à mes grands-parents, je m'inscris dans une transmission (Marine).

Malaise

Ce matin-là, je me suis réveillée, sonnée comme après un lendemain de fête. En me levant, je fus envahie par un sentiment de trop-plein. J'en avais des haut-le-cœur. J'étais là, à bailler et saliver, entre veille et sommeil. J'ai fini par me rendre à la cuisine, me réjouissant à l'avance de préparer un café salvateur. Mais sa saveur sensuelle était devenue âcre, écœurante, qui, bien loin de l'onctueuse volupté escomptée, produisit un si profond dégoût qu'il me fallut poser la tasse, sortir en trombe puis refermer la porte de la cuisine pour que l'arôme n'envahisse pas le salon.

Je me pinçai les narines, ouvris la fenêtre pour avoir un peu d'air et vérifier que j'étais bien sur terre et non sur un bateau.

Éliette Abécassis,
Un heureux événement, p. 20-21.

La grossesse commence le plus souvent par une période de malaise intense, à la mesure de la perturbation intérieure qui se joue. Nausées, vomissements, fatigue brutale, irrépressible envie de dormir, sentiment de vulnérabilité, sensibilité extrême. J'ai beau savoir que c'est un phénomène naturel, cela reste pourtant étrange, parfois très difficile à vivre, parce que le seul signe tangible de la présence d'un nouvel être, c'est mon mal-être. Mon corps s'adapte et s'organise pour un autre que moi. J'en suis physiquement altérée. Les sages-femmes parlent du « mal de mère ». C'est bien un déséquilibre, une perte de repères, un voyage au long cours vers l'inconnu qui commence, une aventure dans laquelle le socle stable de mes habitudes et de mon passé, de ce que j'étais, a disparu. Tout tangue en moi et je perds pied.

Comme il est recommandé d'attendre quelques mois pour être sûre que la grossesse se poursuivra avant de l'annoncer à l'entourage, le malaise est souvent vécu au quotidien dans le secret, partagé seulement avec le père de l'enfant. En public, je dois dissimuler ma fatigue, lutter pour maintenir une activité normale, ajuster discrètement le rythme et le menu des repas pour masquer mon aversion devant certains plats, certaines odeurs, m'aménager dès que possible des temps de repos, éviter la foule et les pièces surchauffées. D'un côté je m'efforce de ne rien laisser paraître en gardant autant que possible mon efficacité dans l'action. De l'autre je ressens le besoin de me ménager pour prévenir le risque de fausse couche. Je sais que mon activité peut avoir des conséquences sur le déroulement de la grossesse et me sens responsable. Période délicate de doute et de désarroi.

J'étais tellement malade. On est dans un état tellement désagréable : les nausées, l'absence d'appétit, l'extrême fatigue. On tombe de sommeil, on est perturbée et épuisée par ce malaise permanent. Je ne pense pas tellement au bébé à ce moment-là, puisque je ne le sens pas. C'est mon état anormal que je sens. Je ne peux que dire : allez courage, c'est pour la bonne cause, pense à cet enfant que tu désires, il faut en passer par là, pas le choix (Elsa).

Dans les premières semaines, la gêne est d'autant plus grande que l'enfant est encore impalpable. Je ne suis plus « moi », je *me* sens *mal*, affectée par cette présence dont je ne perçois rien et qui pour moi n'est pas encore vraiment « quelqu'un ». Il me faudra attendre de sentir ses premiers mouvements, autour du quatrième mois, pour être rassurée par cette confirmation que je ne me donne pas pour rien, mais bien pour ce petit dont les sursauts de vie seront mon réconfort.

Pour certaines mamans, cette période est vécue dans la confiance et l'épanouissement, sans aucun trouble. Elles sont éblouies et exaltées par ce nouvel état et ce qu'il signifie. Une amie me confiait qu'elle avait « tout aimé dans la grossesse ». Après la longue épreuve de l'infertilité, la maternité lui semblait une jubilation permanente. Son bonheur enflait dans son ventre. Une autre remarquait que la grossesse n'avait suscité pour elle aucun changement. Chorégraphe et interprète, elle avait pu poursuivre presque jusqu'au terme toutes ses activités, sans ménagement particulier, à la surprise de ses partenaires. Pour beaucoup cependant, les premières semaines, le malaise domine, épuisant parfois jusqu'aux ressources mêmes du désir d'enfant.

Détresse

Cette situation est à ce point déconcertante qu'elle peut nous plonger dans la détresse, surtout lors d'une première grossesse. Parmi les mères que j'ai interrogées, certaines ont connu comme moi une violente révolte intérieure, tant la perte de soi peut être difficile à vivre. Dessaisie de mon propre corps, privée de mon indépendance, affaiblie par l'étranger qui m'habite, je peux avoir l'impression d'être prise en otage par « cette chose » qui n'a encore ni forme perceptible, ni visage. Je n'ai pas d'image, je ne sens pas de mouvement, mais tout mon corps se transforme, « quelque chose » se passe. Ce « machin » me fatigue et m'envahit sans que j'aie mon mot à dire. Ce n'est pas ce que j'ai voulu.

J'étais en colère contre ce truc-là, ce truc qui m'envahit, que je n'ai pas choisi et qui me prive de mon indépendance. Il y avait aussi un blocage intime. Déjà dans la sexualité, ce n'est pas facile d'accueillir l'autre en soi, dans son corps, c'est un vrai travail sur soi, pour être confiante, disponible. Alors, accueillir un être qui grandit dans son corps ! (Marion.)

> La grossesse est surtout un drame qui se joue chez la femme entre soi et soi ; elle la ressent à la fois comme un enrichissement et une mutilation ; le fœtus est une partie de son corps, et c'est un parasite qui l'exploite ; elle le possède et elle est possédée par lui ; il résume tout l'avenir et, en le portant, elle se sent vaste comme le monde ; mais cette richesse même l'annihile, elle a l'impression de ne plus être rien. Une existence neuve va se manifester et justifier sa propre existence, elle en est fière ; mais elle se sent aussi jouet de forces obscures, elle est ballottée, violentée.
>
> Simone de Beauvoir, *Le Deuxième Sexe*, p. 156.

J'ai l'impression d'être habitée par un monstre, un parasite, un corps étranger, qui me pompe toute mon énergie et me métamorphose. Par moments je voudrais arracher ce bébé de mon ventre et me retrouver moi, comme avant – et pourtant je désire avoir un enfant (Adeline).

Même si rationnellement je sais que mon état découle de la présence en moi d'un fœtus, c'est-à-dire d'un enfant futur qui sera indéniablement *mon enfant*, je l'assimile à un être étrange, un intrus qui me désoriente.

Le sentiment qui m'envahit s'apparente à une forme de xénophobie. *Xénos*, c'est l'étranger, celui qui vient d'ailleurs, qui n'est pas d'ici, et dont la différence même dérange. Il est celui que l'on ne comprend pas, dont le comportement nous semble incohérent, impertinent. C'est pourquoi l'étranger fait peur.

Mais l'étranger est rendu vulnérable par son étrangeté même, par son incongruité : incapable de se débrouiller seul en territoire inconnu, il est d'autant plus déstabilisant qu'il est lui-même déstabilisé d'avoir perdu tout ce qui lui était familier. Il n'est pas à sa place, il n'a pas de place. L'étranger est donc, plus encore que l'ami ou le voisin, celui qui a besoin d'être identifié et accepté. Les Grecs reconnaissaient d'ailleurs un devoir d'hospitalité envers le *xénos*, celui qui, venu d'ailleurs, ne peut que se perdre chez nous. En grec, *xénos* (ξένος) ne signifie pas simplement « l'étranger », mais aussi « l'hôte », c'est-à-dire l'étranger qu'on accueille, celui qui nous déconcerte mais réclame notre assistance. Entre xénophobie et xénophilie, il y a ambivalence, hésitation, comme en latin pour l'*hostis*, à la fois « étranger à la cité » et « hôte » : lui doit-on hos-tilité ou hos-pitalité ?

Dans notre projet d'enfant, nous envisagions d'accueillir l'un des nôtres, un très proche, la chair de notre chair, l'être qui nous serait le plus familier possible. Mais dès les premières semaines, j'entrevois par quel chemin insoupçonné notre enfant s'improvise : j'accueille en moi-même une présence humaine indéterminée qui provoque inconfort et malaise. J'ai peur de l'étrangeté de ma propre situation, autant que de cet étranger qui m'annonce tant de nouveautés : l'être qui s'installe se découvre aussi inconnu qu'imprévisible. Je suis visitée par un être innommé, sans identité, dont la vie déjà me surprend et m'échappe. Suis-je capable d'une hospitalité si radicale ?

Le français entretient une éclairante ambiguïté (héritée du latin) : l'« hôte » désigne à la fois celui qui accueille et celui qui est accueilli. L'inégalité du rapport – supériorité de l'accueillant, dette de l'accueilli – disparaît dans l'accueil. Celui qui accueille, qui donne de ses biens et de son temps, reçoit l'autre comme un bienfait, une offrande. L'hôte, c'est l'invité, le joyau de la fête ; pour lui on se démène, on bouscule l'ordinaire, on prépare l'écrin des retrouvailles, car il vient nous enrichir de sa présence et illuminer notre foyer. Ma détresse entretient la même ambiguïté : j'ai peur de l'inconnu mais je l'espère aussi, j'en attends du bonheur. Tout mon détraquement est promesse de joie.

Mobilisation générale

Il est bien des situations d'urgence et de dépendance où la vie d'un homme est à la charge d'un autre, qui le nourrit, le soigne, le veille. Si l'éthique ou l'amour commandent de porter assistance au plus vulnérable, il reste une distance entre l'autre et moi, qui donne cette liberté de s'investir ou non, d'être plus ou moins présent et disponible, ou simplement de faire une pause, le temps de prendre un peu de recul et de refaire ses forces. Il arrive malgré tout que l'on s'épuise dans le don à autrui, sans parvenir à se ménager ou à trouver le secours nécessaire.

Enceinte, je n'ai de toute façon plus le choix, je suis d'emblée mère à plein temps, vingt-quatre heures sur vingt-quatre et pendant neuf mois, sans avoir envisagé que je n'aurais ni répit, ni relais. En ce sens je vis une vocation totale, une expérience intégrale du don de moi-même, sans rémission possible.

Dès les premières semaines, au moment de l'implantation de l'œuf, mon corps se décentre pour donner la priorité à l'embryon : tout s'ordonne (hormones, battements cardiaques, respiration, nutrition…) pour lui apporter au fil du temps ce dont il a besoin, quitte à prélever sur les réserves nécessaires à ma santé.

Mon corps vit pour un autre. À aucun moment pendant ces neuf mois, je ne pourrai faire abstraction, ni déposer le fardeau qui s'alourdit de jour en jour. Ce tout-petit investit la place. Il m'impose un nouveau rythme, accapare mes sentiments et mes préoccupations.

Ce décentrement est particulièrement déroutant : je suis comme dépossédée de mon propre corps et de ma propre vie. Réquisitionnée. Il y a d'autres manières de se donner « corps et âme » pour quelqu'un, par amour, affection ou altruisme. Mais ici le don physique précède l'affection, et peut-être la provoque. Je me donne « par avance » pour un autre qui n'existe qu'à peine et pour lequel je n'éprouve encore aucun attachement. Je suis emportée, presque malgré moi, dans la démesure d'un don que j'ai pu initialement choisir, de manière vague et abstraite, mais dont je ne pouvais aucunement évaluer l'ampleur. Mon corps s'offre tout seul, et donne plus que ce que j'aurais souhaité ou cru possible. Dans cette mise à disposition de soi, il n'y a plus de place pour la décision morale, il n'y a plus de réponse consciente à un appel. Le don se fait continuellement, par moi mais sans moi, de jour comme de nuit. Certes, je peux décider de prendre soin de ma santé, de m'investir ou non dans cet accueil et les préparatifs qu'il exige, mais l'essentiel se fait à mon insu et sans attendre un consentement que j'aurais peut-être de la peine à donner à chaque instant.

Progressivement, je saisis que cette situation est irréversible : si la grossesse a une fin, la maternité n'en a pas. La période bien identifiée de la grossesse prépare un don plus total encore : par le don physique de ma personne, je suis rendue capable de me donner intégralement pour toute la vie future de mon enfant.

Il est probable que l'attachement si puissant qui naît entre une mère et son enfant s'enracine dans ce don charnel. On s'attache d'autant plus à ce qui nous a coûté, on est prêt à donner d'autant plus qu'on a déjà tant donné. Après sa naissance, je serai prête encore à bien des sacrifices, à tous les sacrifices, sans condition : que pourrais-je désormais retenir, dès lors que cet enfant m'a prise tout entière ?

Je ne conçois pas encore que pour lui je deviendrai capable de tout. Me lever la nuit, toutes les heures s'il le faut, pendant des mois, des années. Sacrifier sommeil et santé, carrière et loisirs, projets divers… Je deviendrai capable de l'accompagner dans ses découvertes comme dans ses épreuves, les terribles, les infimes. Capable de veiller à tout pour son bien-être, sa sécurité physique et affective, son bonheur. Incapable de ne pas m'alarmer quand il sera blessé ou affligé, ou qu'il se sentira trahi par la vie. Incapable de ne pas m'inquiéter pour lui plus que pour moi-même, et parfois de façon mal ajustée, irrationnelle, disproportionnée. Voilà qu'il grandit en moi : sa vie devient importante, et la mienne presque secondaire…

Cette expérience pourrait paraître insurmontable, si elle ne renvoyait à notre commune origine. Je prends conscience de ce que je dois à d'autres, et me sens soutenue par toutes les générations de mères qui m'ont précédée. Elles me rappellent que je ne fais que transmettre un don reçu.

Réminiscences et projections

> La naissance, vue autrement (mais ce n'est qu'un détour apparent), est une reproduction. Pas seulement au sens où deux êtres se sont reproduits, mais aussi parce qu'on reproduit le passé. La naissance s'inscrit dans une filiation, un héritage d'histoires de famille et de secrets. Elle donne l'occasion de revenir sur ces secrets, de cracher le morceau : alors, t'accouches ?
>
> Camille Laurens, « Abandon*nés* »,
> dans *Naissances*, p. 105.

Je songe à ma mère, au souci que je lui ai inévitablement causé, qu'elle a vécu et continue de vivre elle aussi, malgré elle, alors que j'ai depuis longtemps quitté le nid… Je repense à la boutade d'une de ses amies : « Quand on devient mère, on en prend pour perpète ! »

Je connais des mères très confiantes dans la vie, enthousiastes, pragmatiques… Mais aucune qui ne soit sans souci. Les tragiques vivent le souci dans le tourment et l'insomnie. Les optimistes portent un souci rayonnant, une attention enjouée et sécurisante, qui va de l'avant. Les mères ont en commun cette vigilance – parfois maladroite ou crispée, voire tyrannique – qui les détourne d'elles-mêmes et les centre sur un autre, qui les ancre dans leur enfant.

J'ai eu une enfance heureuse. Pour les futures mères qui n'ont pas eu cette chance, la grossesse est parfois une redoutable épreuve : elle vient réveiller les fantômes du passé. Comment porter un enfant sans revenir sur sa propre enfance ? Comment devenir parent sans se positionner face à ses propres parents ? Un accompagnement psychologique est parfois nécessaire, d'autant que la grossesse semble lever les barrières de l'inconscient et donner accès à des souvenirs profondément enfouis.

L'imaginaire s'emballe. Moi qui suis fille, quelle mère serai-je ? Ai-je le choix ? Vais-je ressembler à ma propre mère, aussi patiente, aussi anxieuse ? À quelle autre sinon ? Comment devenir la mère que j'aimerais être : à la fois posée, épanouie et disponible ? La « mère » dont je me souviens est-elle ma mère réelle, ou celle de mes rêves et de mes frustrations ?

J'ai besoin d'appeler parfois ma vraie mère, celle de mon enfance, de ma jeunesse, celle qui est encore ma « maman » alors que je suis devenue adulte. Bientôt mère à mon tour, je mesure la chance que j'ai d'avoir toujours « ma maman », celle d'avant et de toujours. L'unique.

Il y a quelques semaines, une dame âgée me fit sourire. Comme nous arrivions presque ensemble en haut d'un petit escalier, sur le palier d'une maison médicale, je lui tins la porte pour la laisser passer, mais elle me répondit : « Oh, je vous en prie, allez-y… » Alors, se retournant pour désigner une très vieille dame qui amorçait tout juste l'ascension des marches, elle commenta : « J'attends maman ! » La maternité n'a pas d'âge, le temps sur elle n'a pas de prise. Moi aussi je vais devenir cet irremplaçable pour quelqu'un, ce socle, ce monde originaire et en partie sans doute fantasmé et déformé par l'inconscient du souvenir et des émotions enfantines… Quelle mission !

J'appelle ma mère pour mieux comprendre, pour compléter le puzzle de ma vie et retisser les liens de la transmission. Je remonte le fil de mon histoire, je reprends au tout début. Que sais-je de ma naissance ? Et d'avant ma naissance ? Pourquoi suis-je arrivée à ce moment-là dans l'histoire de mes parents ? Était-ce prévu ? Espéraient-ils une fille ou un garçon ? Quels étaient leurs projets de l'époque, leurs états d'âme ? Est-ce que tout s'est bien passé et quelles en ont été les conséquences ? Est-ce que je trouve en moi aujourd'hui les effets de ma préhistoire personnelle ?

J'ai perdu la trace de ma petite enfance : comment était maman ? M'a-t-elle allaitée ? Savait-elle s'y prendre quand j'étais bébé, moi qui étais l'aînée et elle la petite dernière de sa famille ? Avait-elle souvent gardé des enfants avant ma naissance, ou bien était-elle débutante, comme moi ?

Pourquoi m'a-t-elle confiée à une nourrice et comment l'a-t-elle choisie ? Comment a-t-elle concilié maternité et travail ? A-t-elle renoncé à certaines perspectives de carrière quand elle a pris un temps partiel ? Est-ce qu'elle était à la maison le mercredi et jusqu'à quelle période ? Je me souviens (c'était plus tard, j'étais au collège) de fins d'après-midi interminables, à guetter le retour des parents. La maison me semblait vide quand mes parents n'y étaient pas. J'aimerais être l'âme de ma maison, la chaleur du foyer. Faudra-t-il cesser de travailler ?

Je me demande aussi quelle a été l'influence de mon frère sur mon tempérament et mon ouverture aux autres. Et avec mon mari, combien aurons-nous d'enfants ? Dans quel délai ?

Sommes-nous d'accord sur les choix éducatifs, qui commencent dès le berceau (et même avant) ? Haptonomie ou chant prénatal, accouchement naturel ou péridurale, allaitement ou biberon, tétine ou pas, landau, porte-bébé ou écharpe, crèche ou nounou ? Et ainsi de suite, au moins jusqu'au baccalauréat…

Responsabilité

Les questions se bousculent parce que ce petit être qui s'annonce *m'oblige*. Je lui dois quelque chose d'incertain mais de fondamental. Je ne peux pas lui garantir le bonheur, mais je lui dois d'essayer de construire un environnement accueillant et robuste, qui lui permettra de faire ses premiers pas dans la vie, puis de trouver progressivement sa place en ce monde – et pas forcément au soleil. Je lui dois de l'aider comme je le pourrai à comprendre ce qui l'entoure, à découvrir ses propres talents pour contribuer à sa mesure à faire du bien, du mieux autour de lui, mais aussi à supporter l'ombre et la déception, la souffrance et le deuil.

Mes préoccupations se déplacent et se renouvellent. J'invente ma vie autrement. Il me faut tout reconsidérer, tout reprendre sous un nouveau jour. Ce n'est pas seulement la naissance qu'il faut préparer, mais l'avenir, à l'aune du sens que nous choisirons de donner à l'existence. Quelles sont nos valeurs, nos essentiels ?

J'ai besoin d'aide et je sens bien, avant mon compagnon, que l'engagement d'un père sera indispensable, que nous ne serons pas trop de deux pour répondre à cet impératif, qu'il faudra s'accorder et tenir ensemble. Je le harcèle : comment ferons-nous pour la maison ? La chambre du bébé ? Pour le travail ? À quoi ressemblera notre vie de famille ?

Pour le père, c'est un peu tôt. Il s'étonne et s'amuse de mon impatience. Les réponses viendront d'elles-mêmes, en leur temps… Pour moi, il y a urgence, une urgence vitale, car il est en route, il arrive, il est là ce bébé, et tout ce que nous faisons et décidons a déjà des conséquences sur sa vie balbutiante.

Pour supporter cette précarité, j'ai besoin à mon tour d'être protégée. Sinon, comment faire face à la folle aventure dont je suis le terrain, et à cet avenir exigeant qui m'appelle et m'interpelle ? J'ai besoin pour l'enfant d'un père solide et rassurant. Besoin aussi de m'accrocher à une famille, à une histoire, à tout un arbre généalogique, avec des racines bien profondes.

Ma première grossesse, c'est ma mère qui me l'a annoncée, elle l'a sentie. J'étais contente, mais j'avais l'impression d'être submergée, je ne me sentais pas prête et pas capable. Ce qui m'a aidée, c'est ma famille, surtout ma petite sœur, qui était enceinte elle aussi. C'est elle qui m'a préparée. Elle vivait une grossesse sereine, naturelle, confiante, elle a été mon guide. Et mes proches m'ont vraiment entourée. Ils étaient là pour gérer les choses et me rassurer. Au moment de la naissance, mon mari était loin, c'est ma mère qui m'a emmenée à l'hôpital, elle m'a soutenue en attendant qu'il arrive. Elle a su trouver les mots pour relativiser la douleur, elle m'a transmis l'essentiel (Hamida).

Recréation

Le temps de la grossesse m'offre l'occasion de me réconcilier et me réinventer, pour refonder l'avenir sur des bases stables et saines, avec lesquelles je me sente en cohérence. Le lieu de vie, la part de l'activité professionnelle, le rythme des jours, les engagements divers, tout est remis à plat, conduisant parfois à des décisions d'envergure : changement d'alimentation ou de loisirs, déménagement, reconversion professionnelle, mariage, redéfinition des liens familiaux… L'imminence de l'arrivée de l'enfant provoque un réaménagement de l'espace et du temps, aussi bien intérieurs qu'extérieurs, et s'étend à toute la vie concrète. Ainsi Latika, jeune danseuse d'origine indienne, a eu le sentiment, par la maternité, de « basculer dans un autre monde ». Son regard sur la vie, l'être humain, le rapport à la nature s'est transformé. La maternité l'a libérée des injonctions sociales et du rythme balisé de la vie active, et les considérations de travail ou d'argent sont devenues secondaires par rapport à l'enjeu d'apprendre à être heureux. Avec son mari et leurs trois enfants, ils ont fait peu à peu le choix d'une vie simple et sobre, à l'écoute des besoins profonds de chacun.

Ce nouvel état peut aussi susciter contemplation et inspiration, parce qu'il me délivre de tout ce qui affaire, des tribulations futiles et dérisoires du monde, pour me ramener à la source vive de la vie et me donner le temps de la sentir vibrer en moi.

Pour certaines femmes, comme l'artiste-peintre Myriam Bat-Yosef, la maternité a pu jouer un rôle dynamique et créatif, et même bousculer complètement leur parcours.

> Myriam parlait de sa grossesse et des effets de celle-ci sur sa trajectoire artistique : elle n'avait été enceinte qu'une fois, et il y avait plus de vingt-cinq ans de cela, mais le fait de contenir un autre être humain, de créer de la vie avec son propre corps, avait totalement transformé son imaginaire. [...] D'un seul coup, elle avait abandonné tous ses efforts « académiques », tout ce qu'elle

avait appris aux Beaux-Arts. Encombrée par son ventre, elle s'est assise, et pendant neuf mois elle a dessiné des formes inouïes, infiniment riches et variées, indéfiniment renouvelées…

Nancy Huston,
Journal de la création, p. 286.

Dilatations

> Enfin, j'eus le ventre obèse. Je n'étais pas seulement plus large, mais plus haute, plus légère aussi. Comme si mon corps, gorgé de sève montante, sortait de terre, germait comme un oignon. Mon corps poussait sa rieuse évidence.
>
> Annie Leclerc, *Parole de femme*, p. 89.

Féminissime

Il n'y a certes pas besoin de devenir mère pour se sentir femme. Néanmoins il est stupéfiant de voir combien dans la grossesse les caractères sexuels de la féminité sont exacerbés. Je me sens plus femme qu'à tout autre moment. Je m'arrondis de partout et m'élargis physiquement et psychiquement.

Mon corps m'impose ses exigences. Si la fatigue est au rendez-vous, l'intense activité hormonale a tout de même sur moi des effets bénéfiques : mes cheveux sont plus soyeux, ma peau plus douce, ma température un peu plus élevée m'apporte un confort appréciable. Le désir charnel est parfois plus intense, plus insouciant.

Au fil de la grossesse, j'ai l'impression que mon corps s'épanouit, qu'il déploie toutes ses potentialités. Je comprends autrement son rythme contraignant : mon cycle, les règles, les changements d'humeur, tout ce que j'ai parfois l'impression de subir prend un sens nouveau et positif. Je découvre de quoi mon corps de femme est capable. Sa lente déformation m'apparaît formidable, dans tous les sens du terme. Je ne me ressemble plus, j'ai même parfois l'impression de ne plus ressembler à rien de connu : je deviens collines, chamelle à trois bosses, femme-ballon, ronde comme une pastèque, ou baleine dans la piscine… J'ai besoin de constater cette distorsion, de voir mon ventre s'arrondir, pour être sûre que le bébé grandit bien. Tout ce que je suis se dilate.

> Une femme a une image de ses seins et de son ventre aussi précise, précieuse et spécifique que celle de son visage et de ses mains. Déjà, je ne me reconnais plus, ni de l'intérieur, ni de l'extérieur. Un autre corps occupe et modifie le mien, de façon imperceptible mais à la longue spectaculaire. Suis-je encore *moi* ? […]
>
> Je suis araignée, pieuvre, crabe : les bras et les jambes autour du centre demeurent mobiles, souples, élastiques, tandis que le ventre s'enfle et s'arrondit, devient chaque jour plus imposant – « ostentatoire », m'a dit M. hier soir. Je comprends que cela fasse peur aux hommes ! même à moi, cela fait peur…
>
> Nancy Huston, *Journal de la création*, p. 22 et 182.

Ma sensibilité est accrue, je sens plus fortement les parfums, les saveurs. Mes émotions aussi sont plus intenses : je suis plus vulnérable, je peux m'effondrer devant une scène d'injustice ou de violence. Je recherche le calme, la sécurité, la douceur. Un film un peu poignant, une contrariété, et je vacille, les nerfs à fleur de peau. Des situations anodines deviennent une montagne, comme si ma perception du monde grossissait avec moi, comme si tout devenait plus sérieux et plus grave.

Grosso modo

Les expressions pour dire mon état semblent s'en tenir au visible : l'extraordinaire déformation du corps féminin et l'encombrement que cela représente. « Grossesse », je grossis à vue d'œil, « gravidité », je m'alourdis. En espagnol, *embarazada* évoque l'embarras à la fois physique et psychologique : je suis bien embarrassée, accaparée par ce qui m'arrive. Pourtant l'étymologie renvoie au processus à l'œuvre à l'intérieur. Les termes « plein », « gros » ou même « enceinte », vraisemblablement issus du grec et du sanscrit, désignent la fertilité de ce qui s'enfle pour produire quelque chose. En latin, *gravis* évoque ce qui est lourd de conséquences et d'influence. Et l'on trouve en anglais dans *pregnancy*, comme en espagnol avec *preñada*, la construction latine *prae-nascor*, « avant de naître ».

De fait, le plus spectaculaire n'est pas l'accroissement manifeste de mon corps à moi, mais bien ce qui se trame au-dedans. Ce n'est pas tellement *moi* qui suis grosse, car je suis grosse de quelqu'un, et c'est plutôt *lui* qui proémine et s'impose. Je suis chargée d'une promesse : de mon étrange état surgit la vie humaine.

« Enceinte », me voilà ceinturée d'une ronde grosseur. Cette ceinture-là n'est pas qu'un poids, c'est un spécimen unique de l'humanité, un joyau vivant inestimable. Je suis la muraille fermée, la forteresse qui protège de tous les dangers un prince minuscule. J'héberge le dauphin de l'avenir ou l'infante du royaume de demain. Citadelle de chair. Enceinte scellée, le temps qu'il faudra. Car, de même qu'il m'a été possible d'ouvrir un passage pour que la vie advienne en moi, il me faudra accepter que la muraille soit éventrée par ce petit que j'abrite et qui devra, un jour, sortir pour affronter la vie avec ses propres armes. La béance, en moi, restera.

En gestation

La biologie me renvoie à l'animalité de mon état : je suis « en gestation ». Je rejoins la vache, la brebis, la jument et je suis le théâtre d'un processus on ne peut plus naturel. Je ne m'indigne pas de cette réduction, car il y a bien en moi une force impérieuse et bestiale, l'élan même de la vie, qui déborde les individus et les générations, qui me transcende plutôt qu'elle ne me rabaisse. Je suis rendue à ma nature, à la (Mère) Nature, et je deviens avec elle, par elle, un champ de blé, un épi qui éclate, une fleur qui déploie sa corolle et s'apprête à livrer ses trésors de pollens et de couleurs parfumées, un arbre généreux qui concocte en secret son fruit précieux et délectable.

Je suis puissance de vie, d'une vie qui me traverse, m'accroît, me fait germer, sans que je puisse la maîtriser. Cette puissance me dépasse. Je redécouvre le corps, massif et majestueux. Pour moi, c'est d'autant plus saisissant que, par mon tempérament et mon métier, je me consacre plutôt aux œuvres de l'esprit. L'athlète, le sportif de haut niveau travaillent sur ces capacités spectaculaires du corps, exploitant les moindres ressources de la morphologie, des muscles, des ligaments, du souffle, du rythme cardiaque pour pousser plus loin la performance. Mais dans la maternité, l'exploit n'est pas recherché, il n'est ni volontaire, ni exceptionnel. Il relève d'une capacité ordinaire, ancestrale et pourtant prodigieuse.

Je ne me maintiens pas en vie par la force de ma volonté (même si mon mode de vie peut retentir sur ma santé). De la même façon, je ne fais pas advenir une nouvelle vie en moi par ma décision propre : j'en découvre la potentialité. En gestation, je n'ai plus rien à faire, il ne m'appartient plus de « faire » cet enfant, puisqu'il est déjà là ; au contraire, j'apprends à laisser faire et je contemple, car c'est désormais l'œuvre de la vie, de la chair et de la nature. Je suis en retrait, témoin passif de l'humaine création.

La gestation, étymologiquement, désigne simplement le fait de porter quelque chose ou quelqu'un. Je « porte un enfant » comme un fardeau, mais aussi comme on porte l'avenir. Je suis grosse de lendemains rieurs et chahuteurs. Je prends sur moi le poids croissant de l'humanité future.

Je « porte », comme on soutient, comme on assume, la possibilité que l'humanité avance un peu plus loin dans la succession des générations. Un petit pas de plus dans l'aventure humaine.

Voilà ce que signifie ce ventre rond qui me devance...

Si je n'étais que chair et nature, tout serait plus simple. Les plantes et les femelles ne se posent pas de question sur ce qui leur arrive. Elles mûrissent et mettent bas sans bruit, sans comment ni pourquoi. Moi qui suis consciente et libre, pleine de rêves et de questions existentielles, la grossesse me perturbe au plus haut point. D'une part je suis en train de me perdre moi-même, dans tout ce que j'étais jusqu'à présent. De l'autre j'assiste à l'émergence d'un être humain, avec toutes les virtualités, la charge et les questions que cela implique.

À corps ouvert

Mon corps ne m'appartient pas comme je le croyais. Il n'est pas pour moi seule, je peux le partager. Mon corps féminin peut s'ouvrir. Un peu pour l'amant; démesurément, passionnément pour l'enfant. Dans la maternité, ce corps peut grossir d'un autre, et dans ce corps qui est moi, je deviens toute petite, tant l'autre prend de la place. Je ne pensais pas que *mon* corps pourrait à ce point m'oublier et m'écarter. S'écarteler et se distendre pour autrui...

Avec mon corps qui se dilate, c'est aussi mon « moi » qui s'étale et se disperse. Mon « moi » n'est plus un tout fermé, il est poreux comme une éponge. Il peut être ensemencé d'un autre. Il perd ses frontières et se révèle offert et perméable.

Cette ouverture déjoue toute tentative de maîtrise, de mainmise ou de rétention. Celui que j'accueille, je ne le possède pas. Je ne peux retenir ni l'amant, ni l'enfant. La puissance féminine n'est pas dans la conquête ou l'invasion. Elle n'est pas engagement hors de soi pour saisir, produire ou accumuler. La fécondité n'est pas la réussite ou la rentabilité : elle se vit en relation, nul n'est fécond tout seul. Elle est réception et bienveillance (bien vouloir et vouloir du bien), passivité et lâcher-prise. Pour être fécondée, il me faut accueillir ; pour donner mon fruit, il faut m'en détacher. Je peux me rendre disponible, devenir un espace pour que l'autre existe et se sente exister. Cette fructueuse mise à disposition de soi pour autrui n'est ni évidente, ni spontanée, c'est tout un art que la maternité enseigne.

Patience…

La vie se déploie toute seule en moi, et je n'y peux rien. Alors, j'attends… Je n'attends plus que *quelque chose* arrive. C'est arrivé. Maintenant, j'attends *quelqu'un*. Que je ne connais pas. « J'attends *un* enfant. » Indéfini.

C'est bien cela : je dois patienter, et mon entourage avec moi, pour voir apparaître l'enfant. Je dois « supporter », endurer les contraintes de mon état, accepter la démaîtrise.

Surtout, intérieurement, je suis dans l'« attente » de celui qui est pourtant déjà là et qui se forme en moi, impatiente de le recevoir de nouveau, sur mon sein, quand il sera fin prêt. Mon attente est chargée d'espérance. « *Expecting a baby* », « *esperar un niño* »... Je suis tournée vers sa « venue au monde », consciente qu'il lui reste encore beaucoup à vivre et à mûrir en moi avant de pouvoir naître au jour. J'accompagne sa croissance sans pouvoir l'influencer, j'espère que tout se déroule au mieux afin qu'il puisse, au terme de son voyage en moi, vivre hors de moi. Je suis tendue vers l'horizon de la naissance.

Dans quelques mois, il faudra qu'il me quitte, que nous soyons séparés, afin que nous puissions nous rencontrer enfin, nous découvrir face à face, apprendre à nous aimer vraiment. Je me dispose à cet arrachement qui nous fera naître l'un à l'autre. Il lui faudra sortir de mon corps pour entrer dans *sa* vie. Et moi, reprendre le cours désormais dévié, élargi et renouvelé de la mienne.

L'avènement d'un autre

Silence, ça tourne !

Pendant les trois premiers mois, je n'ai presque rien perçu de la vie de mon bébé. Je n'en ai eu qu'un aperçu fulgurant lors de la première échographie. Le doppler fœtal nous fait alors entendre un cœur bien dynamique qui galope à 140 pulsations par minute, et l'écran nous offre la vision troublante d'un drôle de petit bonhomme qui gesticule. Même si l'image est en noir et blanc, c'est impressionnant de réalisme grâce aux prouesses de la technique.

Cette apparition sur l'écran peut déranger : elle met fin aux fantasmes de l'imaginaire et dévoile le royaume secret du fœtus. En même temps, elle paraît miraculeuse. De l'invisible surgit un tout petit humain expressif, qui remue les lèvres, fait des cabrioles à l'écran, s'étire, se tourne, se contorsionne. Nous découvrons un petit corps de neige qui a sa propre spontanéité : il vit sa vie et s'agite dans le hamac élastique de mon utérus. Son père et moi sommes stupéfaits de le voir déjà si formé : il a une grosse tête mais les traits de son visage sont finement dessinés, on voit bien ses membres, et même ses doigts minuscules, et d'adorables petits orteils. Il est là, devant nous, vif et indépendant, silencieux mais souverain dans sa capsule liquide, dans le monde sous-marin de mon corps. C'est souvent pour le père une véritable prise de conscience, et pour tous deux une émouvante confirmation de ce que nous sommes en train de vivre, à trois.

Mais l'image de l'échographie est fugitive et l'enfant est aussitôt redevenu clandestin. Hors cet épisode fascinant et inoubliable, je ne sais plus rien de lui et ne reçois plus aucun signe de vie. Silence radio.

Dans des livres sur la grossesse, je trouve quelques informations générales. J'apprends par exemple qu'en seulement deux mois, l'embryon a développé tous ses organes. Ses cellules se sont multipliées à une vitesse prodigieuse, avec une accélération telle que s'il poursuivait sa croissance au même rythme, son cerveau atteindrait, en neuf mois, la taille de la Terre ! Depuis la fin du deuxième mois, il a vraiment la forme d'un « petit homme » et prend le nom de fœtus.

Au deuxième trimestre, le placenta est devenu autonome et a pris le relais du corps jaune : il assume désormais la nutrition du fœtus, assure les échanges entre nous tout en filtrant les éléments toxiques auxquels je peux être exposée. Mon bébé bien installé prend ses aises, il a de la place. Sa vitesse de croissance s'est ralentie et maintenant ce sont tous les capteurs sensoriels qui se mettent en place et s'activent progressivement pour lui permettre de percevoir son environnement et d'entrer en interaction avec celui-ci.

Même si je ne perçois pas encore ses mouvements, je me suis faite à l'idée de sa présence, je sens mon utérus qui grossit et mon corps s'est aménagé un nouvel équilibre qui me permet de retrouver appétit et forces, sans être encore trop gênée par le poids de l'enfant. Le malaise des premières semaines disparaît ou du moins s'estompe. J'ai pu informer mon entourage qui joue dès lors son rôle de vigile, bienveillant et protecteur, et peut répondre à mes besoins ou mes angoisses. C'est un temps d'épanouissement, plus paisible, plus confortable, qui me réserve aussi la surprise des premières caresses intérieures.

« Il bouge ! »

> Elle me fit signe comme je montais sur l'escabeau. Dans ce mouvement quelque chose s'inaugura – quelqu'un. Je me tins immobile, perchée ; une fine bulle, immanquable, séparée de moi, distincte du mouvement de mes organes – une bulle, ma fille. Très petite et immense. Un être géant mais enfoui dans des fosses, occasionnant des rides à la surface. Le battement d'une aile de papillon, l'effet papillon, ma fille, minuscule créature m'occupant grandement.
>
> Marie Darrieussecq, *Le Pays*, p. 124.

Avec la perception de ses mouvements, tout change, sa présence devient concrète, palpable. Au début je ne suis pas sûre, je guette, j'écoute mon intériorité, je ne sais pas à quoi cela va ressembler. Les premières fois, c'est comme une petite vague, une pichenette intérieure. Et puis c'est sûr, je le sens bouger. C'est un moment intense, difficile à décrire. Le « truc » indistinct qui m'habite et provoque tant de changements devient pour moi clairement un « bébé », bien vivant et autonome, enfin perceptible. Je commence à repérer ses mouvements. Ce qui me frappe c'est qu'il y a là un autre, vraiment tout autre, qui a son propre corps et sa mobilité. En moi un être vivant, qui n'est pas du tout moi, bouge tout seul. Ces premiers mouvements, j'en suis l'unique témoin. J'aimerais les partager avec le père, mais ils sont encore trop ténus, trop subtils, il ne peut pas les sentir. Pour moi, c'est une sensation incroyable…

Étrange perception que ce toucher intérieur qu'aucune autre expérience ne peut provoquer : quelqu'un vit en moi, gigote à sa façon, provoquant tout un remue-ménage interne. C'est un toucher inversé : au lieu de sentir la surface de mon épiderme, les mouvements du bébé me découvrent de l'intérieur les parois élastiques de mon propre corps.

Pour bien des mamans dont le début de grossesse a été difficile, notamment si elle n'était pas prévue, la présence concrète et palpable de ce tout petit enfant vient effacer les doutes et les appréhensions pour faire place à l'enchantement. À partir de là, les échanges deviennent de plus en plus riches et intenses. Les soubresauts s'accentuent, se précisent jusqu'à emplir tout l'espace utérin. Ce bébé hier imperceptible sera demain omniprésent, envahissant, et repoussera les limites de mon corps.

Bientôt je repère ses temps d'activité et de sommeil. J'ai un aperçu de son tempérament : plutôt calme s'il dort longtemps ou au contraire très actif s'il a de courtes phases de sommeil. Je sens de vrais coups de pied, de coude, de poing, des culbutes, qui reviennent au rythme de ses phases d'éveil. Il s'étire, se pelotonne, se retourne, m'écrase un peu l'estomac, la vessie… Je ne peux plus oublier sa présence. Le plus souvent il s'agite quand je me repose… Voilà qu'il me réveille la nuit et me remue les entrailles. Ce contact charnel devient si permanent qu'une baisse d'activité de sa part serait source d'inquiétude. Même si elles me fatiguent, ses pirouettes me rassurent.

Tu bouges, tout bouge
Massage intérieur
Caresse d'outre-corps

De mon profond sommeil
Tu t'éveilles

Un coup dans les côtes
Un dans la vessie
Rien pour t'apaiser
C'est ton heure

Seuls, au cœur de notre nuit
Je n'ai qu'à me laisser faire
J'encaisse
Tu vis

La perception de ces mouvements correspond à une forme étonnante de rencontre. Le « quelque chose » devient « quelqu'un » que je peux réellement « sentir » à défaut de pouvoir le toucher de manière volontaire. Son autonomie, sa singularité sont saisissantes pour moi qui le sens bouger en moi. Il se révèle à la fois totalement autre et totalement présent, incontournable et nécessaire. C'est une expérience physique autant que métaphysique.

« C'est trop beau ! » Ça me dépasse complètement ! Je me sens toute petite par rapport à ce qui se passe en moi. Quelle merveille de le sentir bouger, et de sentir que ça se fait tout seul. C'est un événement spirituel. Je ne sais pas si toutes les mamans lui donnent un sens spirituel, mais on traverse une expérience qui nous dépasse (Marion).

Je vis une épiphanie secrète : « Il y a quelqu'un… Il y a en moi *quelqu'un d'autre* que moi ! » Maintenant, en le sentant bouger, j'ai vraiment l'impression de rencontrer mon enfant. Cette expérience renouvelle totalement ma conception de l'altérité, elle n'a plus rien à voir avec ce que j'ai pu vivre auparavant dans mes relations aux autres. Pour comprendre, j'ai besoin de m'arrêter, de comparer. Que se passe-t-il ici qui me plonge à ce point dans la perplexité ? Qu'y a-t-il de si nouveau ?

Le face-à-face de la rencontre

Rencontrer quelqu'un, c'est se trouver en présence d'une personne, de manière fortuite ou préméditée et, la première fois, découvrir et admettre son existence.

D'habitude, une rencontre se vit dans l'extériorité, puisque nous sommes distincts les uns des autres. Nos corps sont physiquement séparés. Plus profondément, nos consciences sont impénétrables et le tumulte intérieur de nos âmes reste secret et personnel. Si bien qu'il m'arrive de me demander comment sortir de moi pour rejoindre l'autre, pour le rencontrer vraiment.

Je croise chaque jour les anonymes de ma vie, simples passants, silhouettes éphémères, sur lesquels mon regard glisse sans se poser. Il arrive qu'un visage se détache et sorte de l'ombre. Je l'observe, et son apparence nourrit mon jugement. Je me fais une idée de sa situation, de son milieu social, de son âge.

Une rencontre commence par le regard, plus rarement par l'ouïe. L'inconnu est d'abord quelqu'un que je peux voir, ce qui me permet de le situer dans un contexte et de mesurer la distance qui nous sépare. La vision est le sens privilégié parce qu'elle nous donne des repères dans l'espace et nous offre la perception la plus étendue et la plus détaillée de notre environnement : du regard je me localise entre les meubles et les objets, j'épouse les courbes des paysages, je scrute l'horizon sur la mer infinie, je tutoie les sommets des monts, je touche les étoiles.

Ainsi, je vois l'inconnu s'avancer et je peux adapter mon attitude à la sienne. Mais le regard ne suffit pas pour entrer en relation. Pour atteindre la personne derrière l'apparence, il me faut oser une parole. Seuls les mots échangés peuvent relier deux intériorités. La façade se fissure alors, et parfois s'effondre. Dans sa voix et ses paroles, l'inconnu se révèle autre que ce que j'attendais : plus aimable ou plus froid, plus mûr ou plus alerte. Par le dialogue, j'entre en relation avec une personnalité qui consent à se dire, à dévoiler ce qui l'anime ou la préoccupe. Mon jugement s'effrite et se recompose, s'ajuste à ce que je perçois de la profondeur de son être. Si nos échanges se renouvellent, nous nous lions l'un à l'autre : relations cordiales, coopération professionnelle, amitié ou inimitié, tout devient possible...

Dans les fréquentations s'invitent l'odorat et le toucher : je reconnais un parfum familier, je serre la main d'une connaissance, j'embrasse mes proches. Les corps se parlent. Dans l'agressivité ils se menacent ou se bousculent. Dans l'entraide ils se soutiennent, expriment l'affection et la tendresse. Le toucher rejoint le corps de l'autre, son lieu propre, et relève d'une intimité que l'on réserve à peu de personnes.

Seule la relation amoureuse ose une rencontre totale et convoque tous les sens. Dans l'amour les corps se dévoilent entièrement et s'offrent sans armure à la caresse et à l'exploration. Pourtant le plaisir est rendu possible par l'extériorité même, et la finesse de l'épiderme laisse à chacun le privilège d'une sensation résolument personnelle.

L'amour exige d'ailleurs de maintenir son attention sur la sensibilité de l'autre sous peine de s'enfermer dans sa propre jouissance. Telle est la fragile quête des amants qui tentent de se donner et de se recevoir, sans jamais se prendre ni se posséder.

La plupart de nos relations sont donc vécues et pensées à partir de l'extériorité. Séparés les uns des autres, nous cherchons à tisser des liens et opérons des rapprochements, avec prudence et respect. Nous osons des alliances, où se rejoignent le désir, l'intérêt, la sollicitude, mais chacun semble poursuivre, au cœur d'un réseau de relations, son chemin propre.

Au milieu des autres

À bien y réfléchir, il n'en a pas toujours été ainsi. Si je me tourne vers le passé, je comprends qu'avant de rencontrer les autres dans la distance, le face-à-face, j'ai vécu une autre forme de relation à autrui. D'aussi loin que je me souvienne, j'ai toujours baigné dans un environnement peuplé et animé par mes proches. Je ne suis pas née dans une pièce, une « salle de naissance », je n'ai pas grandi dans une maison, ni dormi dans un lit quelconques. Pour naître, je suis passée du ventre maternel à des mains et des bras humains, j'ai grandi parmi des visages et des corps personnels, attentifs, avec lesquels j'entrais constamment en interaction, qui me communiquaient leur chaleur, et nos odeurs se mélangeaient.

Certaines cultures maintiennent d'ailleurs ce lien charnel plusieurs années et le bébé se trouve rarement posé sur un lit muet ou une table insensible à sa présence : il passe de bras en bras, prestement ligoté contre une poitrine, un dos, ou plus tard ballotté sur la hanche, toujours au contact de ces corps chauds et mouvants qui parlent et vaquent à leurs occupations.

Dans ce bouillon d'humanité, je n'ai proprement « rencontré » personne, car il n'y a pas ici de face-à-face, d'apparition soudaine ou progressive, ni d'appréciation consciente de la distance et des intentions de ceux avec lesquels je partageais tout.

Mes « tout-proches », ma famille, ceux par qui je suis venue au monde, puis auprès desquels j'ai grandi, ont constitué mon univers. Ils sont le terrain et le terreau de ma croissance. Ils étaient là avant moi et je les ai connus avant de me connaître. Ils m'ont nourrie, bercée, baignée, soignée… Ils m'ont portée dans leurs bras, puis m'ont appris à marcher, me tenant par les mains ; à parler, à regarder, à vivre, m'encourageant d'un geste, d'une parole ou d'un sourire. Immergée dans leurs émotions, imprégnée de leurs réactions, je me suis formée au creuset de leurs attitudes et de leurs manières d'être et d'agir.

Ainsi, avant que j'existe, avant que je ne sois consciente, d'autres personnes étaient là. On pourrait même ajouter : pour que j'advienne à l'existence, il fallait que d'autres soient là. Paul Ricœur écrit : « Ma naissance ne signifie pas seulement le commencement de ma vie, elle exprime sa dépendance à l'égard de deux autres vies ; je ne me pose pas moi-même, j'ai été posé par d'autres[1]. » L'événement de ma propre naissance m'a échappé. Je ne suis pas à moi-même ma propre origine, mais j'ai reçu la vie de mes parents et, en amont, de tous ceux qui les ont précédés.

Ce n'est pas tant ma vie physique qui est ici en jeu, que mon humanité. Je suis venue au monde dans un petit monde humain. Ceux qui m'ont accueillie m'ont parlé – et m'ont « parlée », comme disent les psychologues. En me nommant, ils m'ont attribué une place dans leur vie, dans un cercle familial, dans une société. Par ce nom qu'ils ont choisi pour moi, ils ont appelé ma conscience à s'éveiller, m'ont révélée à moi-même et conféré une identité. En s'adressant à moi, ils m'ont transmis leur culture et m'ont donné la parole, pour que je fasse mon entrée dans le monde des hommes.

Pour qu'il y ait un « je », il faut un « tu ». Les proches, quels qu'ils soient, sont acteurs de l'éclosion d'un individu. C'est ce qu'ont mis en lumière les philosophes personnalistes au XXe siècle. La personne, selon Emmanuel Mounier, « n'existe que vers autrui, elle ne se connaît que par autrui et ne se trouve qu'en autrui. L'expérience primitive de la personne est l'expérience de la seconde personne. Le *tu*, et en lui le *nous*, précède le *je*, ou au moins l'accompagne[2] ».

1. Paul Ricœur, *Philosophie de la volonté*, t. 1 : *Le Volontaire et l'Involontaire*, p. 408.

2. Emmanuel Mounier, *Le Personnalisme*, p. 38-39.

J'ai donc fait d'abord l'expérience de l'altérité humaine comme milieu. Dans l'intimité, j'ai vécu *parmi* d'autres, dont je me suis peu à peu différenciée. À travers eux et par eux, imperceptiblement, j'ai pris conscience de moi-même et je me suis affirmée. Ma personnalité s'est étoffée et en un sens « isolée » en se repliant – sans se clore – sur elle-même. Ma vie intérieure s'est alors découverte à moi, elle s'est approfondie pour devenir de jour en jour plus singulière et plus secrète, impénétrable aux autres, quoique toujours habitée et nourrie de la vie des autres. Entourée d'autres personnes et perméable à leur présence, je suis devenue malgré tout une île en moi-même.

Ensuite j'ai pu apprivoiser l'inconnu et élargir le cercle de mes connaissances. Indéniablement, mon « moi » reste séparé de ceux qui m'accueillent ou que je rencontre. D'ailleurs les liens tissés entre nous évoluent, se resserrent ou se distendent avec le temps, les circonstances de la vie et les choix de chacun. L'autre reste par définition celui qui n'est pas moi. Ceci n'a rien de négatif : il faut cette distance pour qu'il y ait rencontre. Sans extériorité, sans distinction, il n'y aurait semble-t-il que fusion, pas d'échange possible. La distance permet de s'observer, de croiser les regards, de voir nos différences et nos similitudes, d'ouvrir un espace pour l'échange et le dialogue. La séparation semble conditionner la relation.

La maternité me fait vivre une rencontre tout à fait inédite, qui frise l'inconcevable parce qu'elle conjugue des caractéristiques en apparence inconciliables : par la grossesse, je deviens *proche et intime* d'un *inconnu*. Je partage radicalement ma vie et mon corps avec un être dont j'ignore jusqu'à la physionomie. Plus encore, la vie de cet étrange étranger se greffe sur la mienne, m'envahit et me transforme.

Peut-on parler ici de « rencontre » et de « relation », alors même qu'il n'y a visiblement pas de séparation entre nous et qu'il est impossible de prendre la distance qui permet de se différencier ? Suis-je en « relation » avec mon bébé ?

Qu'est-ce qu'une relation ? C'est un rapport entre deux choses, phénomènes ou personnes, marqué par la dépendance, l'interdépendance ou l'influence réciproque. C'est bien le cas entre nous. Mais ce bébé n'est pas encore identifiable à proprement parler. De plus, il n'est pas devant moi, me laissant le choix de mon attitude, mais en moi. Dans la maternité je vis une forme nouvelle de relation à autrui, qui vient ébranler la représentation que j'avais de mon propre corps, de mon intimité et de ma liberté.

En moi, un autre

Enceinte, je fais l'expérience d'une « rencontre » qui n'a plus rien de comparable avec celles que j'ai pu vivre. Un être humain vient à l'existence dans l'invisible de ma propre chair. Sa présence se manifeste d'abord par une altération. C'est dans et par mon propre corps que je perçois les effets de la formation, en moi, d'un corps étranger : aménorrhée, nausées, fatigue excessive, hypersensibilité. Bien avant de pouvoir sentir le corps de l'autre, c'est le mien que je vois transformé.

Pendant les premiers mois, en l'absence d'échange sensoriel, je ne peux qu'imaginer cet enfant : je le rêve et l'invente, sans le voir ni l'entendre. Il faut attendre trois ou quatre mois pour percevoir les mouvements du bébé. La rencontre, dans la maternité, commence donc par le toucher, le sens de l'intime.

Mais c'est un toucher sans équivalent. La poignée de main, la caresse restent extérieures et volontaires. On peut fuir ou repousser un contact désagréable. Le toucher que je découvre est tout intérieur, et pour moi résolument passif. Discret et fugitif au départ, il s'intensifie au cours de la grossesse jusqu'à devenir insistant, permanent et total. Quelqu'un me remue les entrailles et s'installe, faisant de *mon* sein son *chez-soi*. Nous sommes différents et chacun mène sa vie propre, mais nos corps sont si conjoints et interdépendants que la vie de l'un a immédiatement des répercussions sur l'autre. Ses mouvements sont spontanés et me surprennent, mais il m'est difficile de discerner une frontière entre son corps et le mien, puisque *je* suis sa bordure, son enveloppe corporelle.

Je m'interroge… Pourquoi les philosophes n'ont-ils pas étudié cette rencontre physique étonnante entre deux êtres ? Certes, ce bébé vit dans une totale dépendance et il n'est pas encore totalement formé, même s'il ressemble déjà depuis plusieurs semaines à un petit d'homme. Surtout, de l'extérieur, il semble difficile de nous distinguer. Sans doute cela a-t-il contrarié la prise en compte de la relation entre une mère et son enfant *in utero* dans le champ de la réflexion philosophique : nous sommes deux êtres humains radicalement différents dans leur statut et leurs aptitudes, mais fondus l'un dans l'autre et pour l'heure inséparables. Pourtant ce petit qui bouge en moi n'est pas moi, et je ne suis pas lui !

Même un penseur de l'altérité comme Emmanuel Levinas a négligé ce mode de relation fusionnel, pour privilégier dans ses analyses la relation de paternité, qui instaure un face-à-face avec l'enfant, cet autre qui vient de soi.

Mais les connaissances sur la vie utérine ont évolué et nous permettent désormais d'appréhender autrement ce qui se joue dans la maternité et d'apporter un nouvel éclairage sur les relations humaines.

Deux en un

La médecine vient aujourd'hui confirmer ce que je ressens à travers les mouvements indomptables de l'enfant qui bondit en moi, à savoir que la grossesse met en scène deux êtres bien distincts. En effet, les progrès de l'obstétrique, de l'échographie et des techniques d'assistance médicale à la procréation ont permis d'étendre considérablement les connaissances sur la vie propre de l'enfant à naître, depuis sa conception jusqu'à sa naissance.

Dans les années 1960-1970, la génétique a d'abord démontré que l'ADN de l'embryon est une composition nouvelle absolument unique issue de la combinaison aléatoire des gênes de ses parents. Grâce à l'échographie, utilisée en obstétrique à partir des années 1970, on a pu observer avec précision la formation et le comportement de l'embryon puis du fœtus *in utero*. On a découvert notamment les propriétés étonnantes du placenta : séparation entre mon enfant et moi, il joue le rôle de barrière immunitaire tout en orchestrant nos échanges respiratoires et nutritionnels. On a pu ainsi dessiner la frontière poreuse entre nos deux mondes, si bien qu'il est devenu envisageable, dans des circonstances graves, de pratiquer des interventions chirurgicales sur le fœtus.

Un peu plus tard, les techniques d'assistance médicale à la procréation ont pris en considération l'embryon comme un être vivant en lui-même jusqu'à rendre possible la conception d'embryons indépendamment du corps maternel. Par ailleurs, la recherche sur l'éveil de la sensorialité fœtale *in utero* a révélé la précocité des sensations du fœtus et de ses capacités relationnelles, que les découvertes en néonatalogie n'ont fait que confirmer.

Jean-Pierre Relier, pionnier français de la néonatalogie, a rapidement alerté ses confrères et le grand public sur les risques que font courir à l'enfant les naissances de plus en plus prématurées. Jusque dans les années 1960, le nouveau-né – *a fortiori* le fœtus – n'était pas considéré comme un patient à proprement parler : « Le nouveau-né, en tant, si j'ose dire, que "prolongement" de la mère, était l'affaire des obstétriciens, des sages-femmes, des mères.

Le pédiatre n'intervenait que plus tard[1]. » On sait alors soigner l'enfant né à terme, mais la néonatalogie, comme science de l'organisme en développement, est balbutiante. En 1970, dans son service, 80 % des prématurés de moins de 1 200 g meurent. Quinze ans plus tard, la proportion s'est inversée. Son service est devenu capable de secourir et de sauver 80 % des prématurés grâce à une prise en charge spécifique. Ce succès le conduit pourtant à marteler qu'il faut à tout prix prévenir les naissances prématurées tant la souffrance physique et psychologique des petits nés trop tôt est flagrante. Les prématurés manifestent une criante détresse. « Ils sont traversés de mille et une perceptions aussi envahissantes qu'inexprimables et la douleur, malheureusement, ne les épargne pas[2]. »

S'ils souffrent physiquement (troubles respiratoires, digestifs…), ils réagissent aussi très fortement à la séparation d'avec leur mère : l'univers froid et technique de l'hôpital ne peut remplacer la chaleur, l'attention et la voix maternelles. Les résultats encourageants de son service sont également liés à la priorité accordée au lien mère-enfant : les prématurés dont la mère reste présente survivent mieux, constat qui a inspiré notamment le développement des « unités kangourous » pour maintenir autant que possible un contact physique et affectif avec le corps de la mère, du père, ou à défaut d'une puéricultrice. Jean-Pierre Relier a par ailleurs milité pour que la

---

1. Jean-Pierre Relier, *L'aimer avant qu'il naisse*, p. 17.
2. *Ibid.*, p. 82.

préparation à la naissance insiste non seulement sur la surveillance médicale et physiologique, mais aussi sur cette relation primordiale.

> La naissance ne doit plus être considérée comme l'origine absolue de la vie – biologique comme affective – mais comme un tournant dans une relation qui a commencé des mois plus tôt, un tournant qu'il faut savoir négocier en douceur pour que ce lien entre la mère et l'enfant ne s'interrompe pas trop longtemps, et surtout, ne se rompe pas, ce qui, pour le nouveau-né, risque d'être une catastrophe.
>
> Jean-Pierre Relier,
> *L'aimer avant qu'il naisse*, p. 57.

Assurément, s'il appartient déjà à l'espèce humaine, l'embryon n'est pas encore pleinement développé. Pourtant ce petit être, au fil de sa croissance, déploie progressivement et de façon continue tout ce qui fera de lui une personne à part entière. Dès le stade embryonnaire, il est un « individu » au sens biologique du terme, avec son unité et sa vie propre, mais il dépend totalement de mon corps, qui lui sert d'abri de chair et lui procure ce dont il a besoin.

Au fil de la grossesse, mon bébé devient de plus en plus acteur des échanges qu'il peut avoir avec moi ou avec son père. Il s'agit donc bien d'une relation humaine, quoiqu'elle soit marquée par une profonde dissymétrie, puisque nous ne pouvons pas la vivre sur le même plan.

Toute à toi

Les réflexions d'Emmanuel Levinas me reviennent en mémoire et prennent ici une acuité nouvelle. Pour Levinas, le prochain, face à moi, est « tout-autre » que moi. Il est un mystère, absolument insaisissable. Cette transcendance de l'autre fissure l'enfermement sur soi. Je ne peux plus me comprendre comme un tout fermé : ma subjectivité est débordée par la simple présence de l'autre, par son surgissement en moi.

Pour Levinas, toute la personnalité de l'autre se traduit dans ce qu'il nomme « le visage ». Le visage, c'est l'expression de la personne, ce qui me permet de l'identifier sans pouvoir la connaître entièrement ou la posséder, et de prendre conscience du fait que je suis face à quelqu'un et non à quelque chose. Cette relation est d'emblée éthique : je me découvre responsable d'autrui, comme pris en otage par cette présence incontournable. Son visage me révèle la profondeur de son être, quel qu'il soit, et m'interdit de lui porter atteinte. C'est la nudité même du visage qui m'impose le respect et m'annonce que ma responsabilité envers lui précède et commande ma liberté.

Or, cette responsabilité n'est pas symétrique, il n'y a pas de réciprocité. L'autre est toujours prioritaire : parce qu'il m'apparaît dans sa vulnérabilité, son dénuement, il m'intime de le traiter avec humanité et même de lui céder la place, de tout donner pour lui, de me sacrifier, sans rien attendre en retour. Levinas va plus loin encore quand il affirme que je suis responsable « pour autrui », c'est-à-dire que je peux prendre sur moi les errances ou même les fautes de l'autre, les assumer *à sa place*. Est-ce vraiment possible ?

Je me souviens d'un séjour humanitaire au Sénégal. J'avais 20 ans à peine. C'était bientôt la saison des pluies, mais le pays traversait une période de disette car la sécheresse durait plus que de coutume. Affaiblis, dénutris, les villageois tombaient malades, surtout les vieillards et les bébés. Un après-midi, une maman est arrivée devant le bâtiment de la mission où je me trouvais, avec dans les bras un nourrisson de quelques mois en grande détresse. Brûlant de fièvre, les yeux révulsés, il avait un accès de paludisme qui menaçait d'être fatal. J'étais avec une jeune infirmière allemande, Klara. La maman lui a mis le bébé dans les bras en implorant : « S'il te plaît, sauve-le ! » Que faire sinon tout faire ? Tout tenter, pour le soigner ? Klara l'a pris en charge sans se poser de question. Transféré au dispensaire le plus proche, il a pu être sauvé *in extremis*. Est-ce cela, la responsabilité, massive, qu'on ne peut esquiver sans perdre son humanité ? Serions-nous à ce point responsables des autres ? Non seulement de l'enfant innocent, mais de tous ? De tous comme d'un enfant innocent ?

Aujourd'hui, cela me parle autrement… Les mots du philosophe, qui pouvaient m'apparaître abstraits, s'incarnent. Ils prennent corps en moi et vibrent avec ce petit qui tressaille et vient détricoter de l'intérieur ma tranquillité… Je repense à ce bébé et à sa maman que j'avais vue souvent si courageuse et si dévouée. Je me reconnais maintenant dans son acharnement et dans son impuissance. Cette fois l'enfant n'est pas devant mes yeux, il ne réclame pas des soins d'urgence et des médicaments. Il est en moi. Il me réclame tout entière et pour toujours, sans un mot, sans un cri.

Dans la maternité, de manière flagrante, quelqu'un surgit, qui malgré sa proximité se révèle comme tout-autre. Ma personnalité se trouve excédée, rompue par l'intrusion de ce petit inconnu qui me destitue et prend progressivement « toute la place », *ma* place. Ici, la présence d'un autre en moi, je la vis jusque dans ma chair. Je me sens infiniment responsable de ce tout petit humain, vulnérable et démuni, qui m'appelle à m'effacer pour lui donner la vie. Je me sens responsable *de lui*, et déjà, d'avance, *pour lui*, parce qu'il est dans une dépendance absolue et que je suis pour l'instant la seule à pouvoir assumer son existence et son avenir. Cette charge, je ne peux pas m'en défaire, je ne peux pas la confier à quelqu'un d'autre. Il est au-dedans de moi, mais c'est moi qui suis l'otage de cet enfant qui m'arrive. Il me réquisitionne sans rien me demander.

Ce que je vis actuellement avec mon enfant me fait découvrir l'enracinement charnel de toute responsabilité. Nous aussi, nous avons été ce tout-petit que d'autres ont protégé, accueilli, pris en charge. Dès lors, une solidarité profonde, viscérale, nous unit les uns aux autres. En effet, dans la maternité, les éléments les plus saillants de la relation à l'autre sont exacerbés : la différence entre nous est extrême, la dépendance, vitale, la responsabilité devant l'autre, incommensurable. Ce bébé m'apparaît tellement infime, tellement sans défense, tellement rien encore… que je lui dois tout.

Hospitalité

> Ventre volcan. Ventre tambour, le joueur à l'intérieur. […] Je constate que l'envie d'écrire me quitte, oui, je me sens trop « occupée » pour écrire. Quelqu'un d'autre occupe mon corps et mon esprit. S'agit-il pour autant d'une déchéance de mon esprit dans mon corps ? Non : un émerveillement, au contraire, de trouver l'autre si absolument proche. Une fascination devant l'étrangeté indicible qu'il y a à voir et sentir son propre ventre bouger sous l'impulsion de messages envoyés par le cerveau d'autrui.
>
> Nancy Huston, *Journal de la création*, p. 322.

Il faut aller plus loin. Car si je peux établir des parallèles avec les autres relations, certains aspects m'apparaissent tout à fait inouïs. Je vis un troublant paradoxe. Le bébé et moi, nous ne pouvons pas être plus dépendants ni plus proches l'un de l'autre, et pourtant, l'altérité entre nous est plus profonde encore que dans les autres relations.

Alors que je rencontre les autres en priorité par la vision – ainsi je les regarde avant de leur serrer la main ou de les éviter –, mon enfant reste invisible. Certes, l'échographie m'a permis d'entrevoir les contours de son petit corps, et même d'obtenir une image en relief et en couleurs, qui recompose approximativement ses traits. Mais en dehors de ce bref épisode, il reste caché. Il est plus inaccessible que tout autre être humain : il vit dans le lieu le plus reculé du monde, enfoui dans ma chair.

Au fil des mois, les échanges émotionnels et sensitifs sont de plus en plus riches et intenses, mais le face-à-face qui permet de nous reconnaître n'a pas encore eu lieu. De lui, qu'au bout de quelques mois je *sens* par tout mon être, je ne *sais* rien. Il n'a pas encore d'identité, pas de personnalité, pas de nom et pas de voix. Je ne connais ni son visage, ni sa silhouette.

Cet enfant est senti, touché, palpé, il est omniprésent, et je m'attache à lui par tout ce que je vis avec lui. Il devient pour moi l'être le plus intime (plus intime encore que son père, avec qui l'union physique est éphémère), celui que je peux déjà sans l'ombre d'une hésitation appeler « *mon* enfant, *mon* bébé ». Pourtant, il reste inexorablement un inconnu, d'une étrangeté indépassable, même pour moi. Si inconnu que je pressens combien il me sera impossible de le posséder, de le deviner, de le retenir. Il est cette part de moi qui va m'échapper et me réjouir tout à la fois – me vider, me combler – par son existence propre, si différente et neuve.

J'accueille au fond de moi l'être qui me ressemblera le plus, avec qui j'aurai les liens les plus enracinés, l'être auquel je me prépare à consacrer une part considérable de ma vie et de mon énergie. Je lui donne dès maintenant tout ce que je suis et d'avance tout ce que je serai, sans le connaître. Il demeure, malgré toute sa présence, insaisissable : sa vie se poursuit comme elle a commencé, à l'abri des regards et des prévisions, hors de toute maîtrise. Nul ne sait qui il est, ni qui il sera. Il est l'indéterminé, l'avenir, l'infini…

Ainsi par la maternité ce n'est pas tant mon corps qui s'élargit et s'assouplit, mais bien mon cœur et mon âme, pour protéger et accueillir le plus petit et le plus inconnu des hommes. La maternité me forme et me façonne de l'intérieur, provoquant un décentrement, un oubli de soi qui n'a d'égal que l'attachement qui grandit avec cet enfant. Dans cette expérience que j'ai désirée sans pouvoir la gouverner, je me découvre capable de me donner – d'être donnée – au-delà de mes propres forces. La maternité est école du don jusqu'au sacrifice, brisure définitive de l'égoïsme.

Je vis une hospitalité extrême : j'accueille, non pas dans mon pays ou ma maison, mais en moi-même, un être humain encore insignifiant pour le monde. Est-ce parce qu'elles sont potentiellement capables de devenir elles-mêmes habitation que les femmes ont à cœur de rendre le monde habitable ?

L'entrelacs

Une autre spécificité distingue la maternité des autres relations : future maman, je vis avec mon enfant, pendant plusieurs mois, une communion charnelle singulière, un « être-avec », un « vivre-ensemble », qui n'est ni un « face-à-face », ni l'appartenance à une famille. Comment trouver les mots pour décrire et penser cette union prolongée, cette « symbiose » qui, loin d'abolir la transcendance de l'autre, la fait surgir, au creux de mon intimité ?

Nous sommes ensemble, de plus en plus, jour après jour. Nous évoluons dans le même milieu, entendons les mêmes sons, percevons la même agitation extérieure. Monde bien identifié pour moi, monde confus et étouffé pour l'enfant. Nous partageons l'espace de mon corps. Nos sangs se mêlent, si bien qu'il est aujourd'hui possible de prélever dans le sang de la femme enceinte des parcelles de l'ADN du bébé pour les analyser.

Nos deux corps, quoique distincts, ont des échanges biologiques étroits : échanges respiratoires, nutritionnels, hormonaux. Bien plus, les échanges physiologiques et affectifs sont prégnants. Nous partageons nos sensations : fraîcheur ou chaleur, caresse et clapotement de l'eau, apesanteur quand je me baigne, bruits ou voix extérieurs. La répercussion kinesthésique de ma posture et de mes déplacements sur mon enfant est immédiate. Mes émotions se transmettent à la fois par les hormones secrétées et par les modifications du tonus général de mon corps dans toutes les circonstances du quotidien (calme ou agitation, entrain, crispation, angoisses, émotions fortes...). Tout ce que je vis est ressenti, en écho, de manière indistincte, par l'enfant en formation. Inversement, je perçois les mouvements et les modulations de l'activité de mon bébé.

Au début, on n'est pas sûr que ce soit ça. Et puis ça devient sûr, et ça, c'est fou !

Avant de le sentir, tu continues de vivre ta vie. Tu as un petit ventre, mais tu peux oublier, il y a plein de moments où tu n'y penses pas.

Après, quand il bouge, c'est lui qui te rappelle sa présence. « Ah oui, il est là ! » et plus tard tu le sens tout le temps. J'aime ça, je peux me déconnecter de ce que je suis en train de faire, du boulot, de mon ordi, pour me centrer sur ce qui se passe en moi, pour être avec lui (Marine).

Nous réagissons l'un à l'autre : il me bouscule, je le déplace. Je chante, il écoute. Mes mains caressent la paroi fine et tendue de mon ventre, paroi qui nous sépare et qui nous tient ensemble. Il s'approche de mes paumes et suit leur trajectoire. J'appuie sur un petit pied ou une petite main, il appuie en retour, jeu sans fin qui fait mes délices… nos délices ?

Le balbutiement des corps

Les potentialités de ce dialogue des corps ont largement été explorées par une discipline assez récente, l'haptonomie, qu'on pourrait définir comme la « science du toucher affectif ». Elle a été initiée par un thérapeute hollandais, Frans Veldman, dans les années 1950. La démarche de Veldman concernait l'enfant à naître. Il souhaitait encourager l'accueil et la mise en confiance de l'enfant pour lui permettre une appréhension positive du monde extérieur, faciliter sa naissance et faire advenir les dispositions les plus favorables à son bonheur futur. Mais les effets de l'haptonomie concernent plus largement la relation de l'enfant *in utero* avec tous ceux qui l'entourent (famille, soignants).

Certains praticiens préfèrent employer le mot « tact » pour désigner ce « sens du vivant et de l'environnement[1] » qui nous guide dans la vie et permet au petit enfant d'entrer en relation. La polysémie permet en effet de faire résonner dans la notion de tact la particularité de ce toucher intime par lequel les êtres se découvrent sans se voir ni se connaître, et d'entendre sa consonance psychologique ou relationnelle : le tact est l'art intuitif d'entrer en relation avec l'autre, c'est le « sens de l'autre », empreint de délicatesse et de finesse. Ce tact originaire, élaboré pendant les longs mois de la vie utérine, permettra ensuite à l'enfant de développer ses facultés, notamment relationnelles.

L'haptonomie permet, dès que les premiers mouvements sont perceptibles de l'extérieur, d'entrer dans une relation tactile chaleureuse et interactive avec l'enfant. Par la position et le déplacement de leurs mains sur le ventre de la mère, souvent accompagnés de paroles, le praticien, la mère, le père, peuvent solliciter les mouvements du fœtus. Les résultats sont saisissants et provoquent une forte émotion pour les parents : non seulement le fœtus répond

1. Hélène Sallez, « La sensualité enfantine à l'aube de l'intelligence humaine ».

aux sollicitations, mais il apprend progressivement des « séquences » de mouvements qui lui sont suggérées et peut en proposer à son tour, exprimant sa propre spontanéité.

Les bébés ont une puissance de communication bouleversante. À la première séance d'haptonomie, on apprend ensemble à communiquer. Tu mets la main sur ton ventre et là, le bébé arrive dans ta main ! Ce bébé qui est là depuis plusieurs mois vient se nicher dans ta main et te faire un câlin. On pourrait se demander si on n'interprète pas les choses. Pourtant quand on vit ça, on ne peut pas douter de ce qui se passe : ton enfant vient vraiment te faire un câlin, parce que tu l'as invité. J'ai pleuré toutes les larmes de mon corps quand je l'ai senti répondre (Camille).

L'haptonomie vient confirmer que le fœtus peut être considéré comme un être à part entière, avec ses besoins, ses aptitudes et sa spontanéité propres. Se joue ici une authentique relation entre le fœtus et son entourage, même si elle reste marquée par des caractéristiques singulières : enrichissement lent et progressif des interactions au fur et à mesure du développement du fœtus, prédominance du toucher, dissymétrie des postures et des niveaux de conscience.

Je m'interroge sur la perception de mon bébé… Nous sommes ensemble : en suis-je l'unique « témoin » ? Mon tout-petit se sait-il « en relation » ? Que perçoit-il de cette communion ? Pour lui je ne suis pas quelqu'un d'autre, je suis son milieu. Et pourtant, bien souvent, on croirait qu'il *me* cherche : il prend l'initiative de nos jeux silencieux, il réagit à mes attitudes et se dispose à la rencontre, il semble déjà expérimenter cette altérité qu'il ressent certainement par tout son corps, à défaut d'en avoir conscience.

Une chose encore me fascine : j'ai la chance de pressentir en moi, de façon exceptionnelle, l'humanité en formation. J'assiste – et je prends part – à l'élaboration d'un être humain. Ce faisant, je découvre d'où je viens moi-même et d'où nous venons tous et j'ai le privilège de m'émerveiller devant l'apparition mystérieuse et incertaine, mais aussi impérieuse, d'un être résolument neuf. Je suis la seule à connaître les prémisses de son histoire, à ressentir les premiers tressaillements de sa vie commençante. J'en resterai le mémorial, la crypte ensevelie, et mon corps, le parchemin froissé de son premier voyage en terre humaine. Je cueille les vestiges précieux de cette éclosion, pour les préserver et pour lui restituer plus tard le conte de ses toutes premières aventures.

La maternité, école de la paix

Cette forme de symbiose pourrait m'enfermer dans une relation d'excessive possessivité, et il n'est pas rare que les mères entretiennent avec leur enfant, bien après la naissance, une relation fusionnelle quasi pathologique. Pourtant, la faille dans ma personnalité que constitue cet élargissement du cœur m'ouvre aussi sur l'extérieur et me rend solidaire de toutes les mères : j'éprouve pour elles une vive empathie, et pour tous les enfants, un sentiment maternel d'attention et de vigilance. Je ne supporte plus les actualités douloureuses, les tragédies des réfugiés, les souffrances des mères en exil, la détresse des enfants abandonnés, les blessures familiales. Je me sens encore plus impliquée et sensible. Je rêve d'un monde meilleur, pacifié.

> Maintenant, quand je vois à la télévision, sur les routes d'un pays en guerre, une femme tenant dans ses bras un bébé, je me demande si elle a pu le nourrir, si elle a pu le changer ; je sais qu'elle pense à ça ; je conçois pour la première fois le stress qu'elle subit. Devoir quitter la maison, avec le bébé qui pleure, qui va bientôt pleurer de faim. Qui n'aura aucun endroit tranquille. Qui va tomber malade. Devoir être la maison du bébé, sans recours, sans magie.
>
> Marie Darrieussecq, *Le Bébé*, p. 50.

Sans doute cette sensibilité peut-elle se déployer dans d'autres circonstances, mais elle s'impose « charnellement » dans l'expérience de la maternité. Il résulte du vécu de la maternité un sens aigu du respect de la vie, de l'enfance, et des autres. De porter et mettre au monde un tout petit être, chair de ma chair, je suis investie d'un rôle nouveau. Gardienne de la vie, je me sens appelée, pour l'avenir, à préserver la paix : j'aurai à cœur de préparer un monde où tous ces petits pourront être accueillis et choyés, un monde où il fait bon naître et grandir.

Je deviens mère universelle.

Ombres et lumières

Bodyguard

S'il m'est arrivé, comme à tant d'autres femmes enceintes, de traverser des périodes de doute (surtout au premier trimestre où la fatigue et les perturbations hormonales sont à leur comble), je me suis aussi sentie immédiatement investie d'une mission de protection, qui prend sans doute racine dans un instinct de conservation naturel. Je me souviens de m'être trouvée profondément tiraillée au tout début d'une grossesse imprévue. D'un côté la colère, la panique, la détresse totale à l'idée que cette grossesse se poursuive. Une angoisse telle qu'elle provoque le désir que cette minuscule vie s'arrête au plus vite et que tout rentre dans l'ordre, dans mon ordre. De l'autre le besoin incoercible, presque pulsionnel, de faire une place : l'esprit se met tout seul à inventer des moyens pour réaménager le temps (reporter des projets) et l'espace (trouver une chambre, un lit…), et l'on se surprend à tout organiser pour protéger cette vie balbutiante. Dès l'annonce de la grossesse, apparut en moi, au cœur de la désolation, la folle certitude (fondée peut-être sur la confiance dans notre amour et la relative sécurité de notre situation) qu'on trouverait des solutions et la capacité de prendre soin de ce petit être dont la simple existence réclamait accueil et respect. Quand la grossesse peut être acceptée et se poursuivre, cette attitude a tendance à se renforcer.

Mon corps et ma vie sont un rempart contre les agressions extérieures. Je suis une forteresse. En moi, mon tout-petit reçoit tout le nécessaire pour se développer sans aucun trouble. Je veille sur ma santé pour protéger la sienne. J'évite les activités trop mouvementées, les chocs. En fin de grossesse, j'appréhende une naissance prématurée qui le mettrait en danger, et je dois concilier mes activités avec cette mesure de prudence.

Comme je suis pour lui un abri inimitable, la perspective de la naissance devient source d'une inquiétude plus ou moins avouée : hors de moi, mon bébé sera soumis aux tribulations et à la folie du monde, pour les plus grandes joies et les plus grandes épreuves, alors qu'en mon sein, il goûte une satisfaction sereine. Mais la vie utérine, paisible, confinée et ignorante d'elle-même n'a pas vocation à durer : elle ne permet pas de se risquer à chercher son bonheur… Tout m'échappe : l'enfant que je vais mettre au monde sera livré au monde. L'exercice de ma vigilance pourtant ne faiblira pas, au contraire. Il semble que l'attente me façonne pour une mission sans fin de veille et de protection de celui qui restera toujours « mon petit ».

Bien entendu, le père, les proches, la société forment autour de nous un cordon de sécurité. Les femmes enceintes, les jeunes mamans et leurs nouveau-nés sont dans toutes les cultures marginalisés en raison même de leur vulnérabilité. Souvent ces femmes sont choyées, et font l'objet de précautions et d'interdits de toutes sortes.

Dans les sociétés traditionnelles, de nombreux rites sont destinés à garantir leur sûreté. Elles doivent porter certains vêtements ou des amulettes (ceintures, bracelets, rubans) contre les mauvais esprits, pour qui la femme enceinte et l'enfant représentent des proies faciles. Lise Bartoli raconte, dans une enquête sur les rituels qui accompagnent la maternité[1], que dans plusieurs pays on considère aussi que l'attitude de la femme pendant la grossesse sera décisive pour l'enfant et s'imprimera en lui. On recommande alors d'entourer la femme de douceur et de beauté, afin que sa paix intérieure favorise le bonheur futur de son bébé. On lui évite d'être confrontée à la violence, aux conflits, aux mauvaises nouvelles. En sa présence, on ne prononcera pas de paroles vulgaires ou pénibles, de peur que des pensées négatives ne pénètrent jusqu'à l'enfant.

L'attention de l'entourage est essentielle, elle aide à supporter l'incertitude. Car si je suis la sentinelle de la

---

1. Cf. Lise Bartoli, *Venir au monde. Les rites de l'enfantement sur les cinq continents.*

vie de mon enfant, je ne peux assumer seule cette charge. Alourdie, fatiguée, je perds peu à peu en autonomie, en souplesse, et j'ai parfois besoin d'une assistance matérielle concrète pour me ménager et tenir jusqu'au bout. Or, la grossesse, sans être une maladie, peut être l'occasion de complications pour moi. Et si je suis malade, je n'ai accès pour moi-même qu'à peu de traitements médicaux en raison de leur nocivité pour l'enfant. Plus que dans toute autre situation, nos destins se trouvent inextricablement liés.

L'enfant d'exception

Je suis alertée, par une surveillance médicale très rapprochée mais parfois anxiogène, de tous les risques encourus. Je m'inquiète pour l'enfant, pour sa vie et sa santé, notamment si un incident se produit pendant la grossesse ou si certains examens médicaux apportent des résultats suspects.

À l'horizon se profile l'éventualité de la souffrance. Cette appréhension découle de l'incertitude propre à la grossesse. Le drame éventuel d'une maladie grave ou d'un lourd handicap me semble plus terrifiant qu'un autre car il concernera le plus fragile et le plus proche de mes proches. Qui pourrait se sentir suffisamment paré pour supporter de voir souffrir ses propres enfants ?

Les parents d'enfants malades savent, et les autres devinent, combien ils auraient préféré prendre la place, prendre sur eux l'épreuve de leur petit. Mais la vie ne permet pas ces substitutions et beaucoup ont à endurer le calvaire de souffrir avec, par et pour un enfant dont les douleurs et les angoisses ne peuvent pas toujours être soulagées.

Si je redoute, de manière vague et éphémère, parce qu'elles font partie de la vie, la souffrance ou la mort potentielle de mon enfant, cela reste superficiel tant que mes appréhensions n'ont pas de consistance. Mais j'imagine qu'à l'annonce décisive d'un mal inévitable, mes craintes céderaient place à une tout autre torture. Je ne vois pas comment m'y préparer. Si cela se présente, nous n'aurons d'autre choix que de tâcher de faire face et d'apprendre ce que personne n'enseigne.

Certes, il y a maladie et maladie, handicap et handicap. On peut souvent porter plus qu'on ne l'aurait cru. L'affliction peut déclencher des secours inattendus : l'accueil et la délicatesse, l'empathie des uns et des autres, la solidarité active, la compréhension profonde de ceux qui ont vécu des épreuves similaires. Certes, il y a le courage et l'espoir insufflés aux parents, mais aussi la bienveillance, la compétence et l'ingéniosité des soignants, et surtout la persévérance et la vitalité des enfants eux-mêmes… Je le sais, je l'ai vu souvent.

Mais il y a aussi tout le reste, la douleur physique et morale, la lourdeur du quotidien, les démarches qui n'aboutissent pas, le manque d'aides et de moyens, la vie de famille qui chancelle, les frères et sœurs qu'on néglige parfois malgré nous, certains voisins ou amis qui se détournent, l'angoisse persistante pour l'avenir, l'appréhension terrifiante du prochain résultat d'examen, l'insomnie, le deuil d'une vie « normale »… C'est cette réalité tragique et violente, dont j'ai pu voir seulement la surface, que j'appréhende, malgré toute ma confiance dans la vie et ses ressources.

Les familles concernées forcent mon admiration. Je vois leur endurance, leur dévouement sans faille, la puissance redoutable de l'amour. Plusieurs confient que dans l'épreuve, les rôles se sont inversés. Ils pensaient transmettre, accompagner leur enfant dans la vie, mais la maladie a fait de l'enfant un innocent expert, un maître malgré lui, auprès duquel les parents ont dû tout réapprendre, auprès duquel ils ont perdu toute assurance, au pied duquel ils ont peu à peu déposé les armes, les masques et les valeurs de la vie mondaine, pour se mettre à l'écoute du présent, du corps, de la vie dans sa nudité la plus crue et la plus essentielle. Leur témoignage et leur exemple m'impressionnent beaucoup, et me rassurent un peu… Un peu seulement.

Et si, et si… ?

Parfois c'est la panique,
trop de doutes, trop d'inconnu.
Je me tourne vers mon mari, d'un air de défi.
Un peu pour me venger de son insouciance,
un peu pour qu'il me sauve :
— Et si ce bébé était un monstre ?
Un enfant qui n'inspire que le rejet.
Pire qu'*Elephantman*…

Il s'arrête, il écoute. Je suis sérieuse.
Elephantman fait partie de ses films préférés.
Pas le moment de se défiler.
— Alors je le regarderai dans les yeux et je lui dirai :
« Pour moi tu es beau ! Tu es mon enfant et je t'aime.
On va passer une chouette journée ! »

— Et s'il a besoin de soins tous les jours ?
S'il ne peut pas aller à l'école ?
— Alors je travaillerai à mi-temps,
pour le bichonner et l'emmener à ses rendez-vous.
Je vivrai chaque journée à fond, mais un jour après l'autre.
Je lui dirai : « Tu te rends compte,
on a une vie d'aventuriers ! »

— Et si c'est un enfant terrible,
qui se fracasse la tête contre les murs ?
Un enfant furieux,
qui réduit en miettes la vie de famille et le bonheur ?

Un enfant tellement impossible
que je sombrerai dans la dépression ?
Et je ne pourrai plus m'en occuper…
— Alors, je m'en occuperai quand même,
et on trouvera de l'aide.
Quand il se calmera, je le prendrai dans mes bras
et je lui dirai :
« Ne t'en fais pas, mon petit bonhomme,
on va apprendre à s'en sortir, ensemble.
Maman se repose et moi je suis là.
Et le monde a besoin de toi. »

— Et s'il souffre beaucoup ?
Et s'il souffre tellement qu'on souhaitera sa mort ?
Qu'on souhaitera qu'il ne soit pas né ?…

— Si on ne sait plus quoi faire pour l'aider ?…
Alors… je le couvrirai de baisers et de caresses.
Et toi aussi pour te consoler.

Je regarde le père de notre enfant.
Un chêne solide au milieu du salon.
Humble et tranquille, avec des bras pleins de tendresse.
Planté là devant moi, lui qui rêvait du bout du monde.
Un bloc de granit,
avec son amour brut.
Inconditionnel.

La peur de l'accouchement

> Tu n'entrevois rien du plaisir, de la fierté, de l'exploit. Ton esprit est envahi par le doute. Tu as peur. Comme ont peur les enfants, sauf que cette fois, ce n'est pas toi l'enfant. Ce ne sera plus jamais toi, car tu t'apprêtes, cette nuit, à devenir mère.
>
> Agnès Desarthe,
> « Les mois, les heures et les minutes »,
> dans *Naissances*, p. 58.

J'ai aussi des craintes pour moi : j'ai peur naturellement de l'accouchement et des risques associés, peur aussi sourdement de la mort de l'un de nous, peur déjà des inévitables séparations qu'il faudra vivre, séparations heureuses ou tragiques de l'existence. Cette angoisse n'est pas liée seulement à mon tempérament, je sais que beaucoup de femmes la partagent, à différents degrés.

En Afrique, dans le village où j'étais en Côte d'Ivoire, il n'y a pas de suivi, pas de préparation à la naissance. Au village, il n'y a rien, même pas d'échographie. Le suivi, c'est juste une aide-soignante qui demande chaque mois : « Est-ce que ça va ? » Il n'y a pas d'examen médical, pas de prise de sang. Nous on s'inquiète, parce qu'il y a quelque chose qui vient en vous, et ça, vous ne l'avez jamais vécu ! On se demande : « Est-ce que je vais en sortir vivante ? Est-ce qu'on ne va pas mourir, le bébé et moi ? » Beaucoup de femmes s'inquiètent en silence.

Là-bas, tellement de femmes meurent en couches, ou des bébés à la naissance, ou avant la naissance. J'ai connu des femmes qui n'ont pas survécu ou dont le bébé n'a pas survécu. Parfois, on voit que ça ne se passe pas bien, mais c'est trop loin pour aller à l'hôpital et on meurt sur la route. Alors on est heureux si on a survécu ! Après la naissance, tout le monde m'a entendue, j'ai fait un grand « ouf ! ». J'ai dit : « Ouf, Seigneur merci, je m'en suis sortie, le bébé est en vie, merci Seigneur ! » (Francine.)

Autrefois, la femme risquait sa vie dans la maternité autant que le soldat qui part au combat. Aujourd'hui, même si l'accouchement n'est plus à ce point périlleux (du moins dans les pays occidentaux), il reste certainement des traces de ce danger dans notre mémoire archaïque, et la femme enceinte a de bonnes raisons d'être impressionnée par cet événement qui la prend tout entière.

La peur de l'accouchement est naturelle et légitime. Les enfants, médusés devant les ventres énormes, osent rappeler combien le processus paraît objectivement impossible : « Mais comment le bébé va-t-il sortir de là ? On va t'ouvrir le ventre ? » Malgré toutes les préparations, je m'attends à un phénomène d'une intensité sans précédent, comme si je m'apprêtais à faire l'ascension de l'Everest sans aucun entraînement, ou à faire un saut en parachute alors que j'ai déjà le vertige sur un escabeau.

D'un point de vue rationnel, l'accouchement est presque impensable : comment cette petite tête de 10 centimètres de diamètre et ce petit corps de quelques kilos pourront-ils se frayer un passage dans mon bassin, mon vagin, mon sexe, sans tout abîmer ? Comment ne serai-je pas écartelée à ce moment-là ? Mon corps, dont l'élasticité merveilleuse m'a déjà tant surprise ces derniers mois, sera donc capable d'une ultime prouesse ? À quel prix ?

J'ai bien intégré que pendant la grossesse, le bassin s'écarte déjà de plusieurs centimètres, je sais aussi qu'il faudra après l'accouchement encore neuf mois environ pour qu'il reprenne sa position initiale. Pour le bassin, passe encore. Pour le vagin, je veux bien qu'il soit lui aussi extensible, mais pour la fin du trajet, j'ai un sérieux doute : un poupon pourra-t-il vraiment passer par une issue si étroite ?

L'appréhension est inévitable devant l'ordinaire exploit de la nature. Pour avoir vu une vache vêler ou une jument mettre bas, je n'en suis pas plus rassurée… Sans initiation, sans talent particulier, sans prédisposition à ces contorsions intérieures, depuis des millénaires les femmes accouchent et rejoignent, affaiblies et meurtries mais aussi éberluées, ébahies, puis soulagées jusqu'au fond de l'âme, la foule considérable des rescapées de cette aventure sans pareille.

L'accouchement, ça fait partie des grandes inquiétudes. Dès le début, avec la peur de perdre ma liberté, il y avait aussi l'inquiétude de l'accouchement. J'ai été paniquée par les premières réunions sur l'accouchement. Certaines mamans avaient déjà d'autres enfants et je ne me sentais pas du tout prête à les entendre, je ne comprenais pas leurs questions, ce qu'elles disaient.

J'étais paniquée à la fois par la peur de la douleur et par l'inconnu complet. Jusqu'à ce que je lise le livre J'accouche bientôt, que faire de la douleur ? *de Maïtie Trélaün. Elle donne un sens à la douleur : la douleur te guide pour que tout se passe bien. Elle y voit aussi un rituel, une épreuve importante pour devenir mère, pour prendre conscience du fait qu'on est capable de se donner entièrement. La douleur qu'on traverse est à la hauteur de tout ce qu'on sera amenée à donner pour cet enfant* (Marine).

Mon état n'est donc pas sans danger. J'affronterai la naissance comme ce moment ultime où la vie vient frôler la mort : même si les progrès médicaux ont considérablement sécurisé l'accouchement, l'éventualité d'un incident est toujours présente et tacitement redoutée, par moi comme par mon entourage.

Un temps d'avance

Certaines grossesses à risque nécessitent un suivi particulier. Ce sont alors des mois d'examens, de surveillance intensive et de précautions supplémentaires. Si les débuts ont été difficiles, on ose à peine se projeter, on s'investit à reculons. La grossesse qui s'avance fait croître ensemble et l'espoir et l'angoisse. Plus l'attachement pour l'enfant grandit, plus on craint la violence d'un malheur, si près du but.

Un patient décompte commence. En général, un enfant en bonne santé peut naître à 8 mois, souvent sans complications. Un peu plus tôt, selon le poids de l'enfant, cela reste jouable, même si la séparation, le passage en couveuse et des soins adaptés seront indispensables. Entre 5 mois et demi et 7 mois et demi, c'est une autre histoire : la survie tient du miracle et quand elle a lieu, personne n'échappe au traumatisme.

Pour une grossesse pathologique, on peut s'y attendre. Mais parfois la catastrophe arrive sans prévenir. Une douleur ou des saignements, un examen de contrôle pour se rassurer, et le verdict est sans appel : l'accouchement a commencé. C'est le choc. Pour la maman, un arrachement. Pour le petit, c'est Damoclès : à 5 mois et demi, son organisme n'est pas du tout prêt à affronter la vie hors de sa mère.

On sait que la souffrance fœtale est alors inévitable. Pour les parents, c'est une autre douleur : au lieu de la rencontre heureuse, ce sont la séparation et l'incertitude. La fin de la grossesse, dont les échanges sont si intenses, est volée ; la joie de la naissance, confisquée. On passe des jours et des nuits blanches à l'hôpital, au milieu des bips incessants des appareils de contrôle, à tenter de soutenir un tout petit combattant qui traverse seul les ravins de la mort. On essaye tant bien que mal de lui tendre la main pour l'attirer vers la vraie vie : la vie ensemble, la vie normale, la vie qui vaut la peine. Sa capsule est un monde à part, la maman aimerait s'y glisser pour le protéger encore, le réchauffer de tout son corps et l'envelopper de son amour. Mais la couveuse est trop petite. C'est le tout petit champ de bataille d'un tout petit guerrier. Sans armure et sans arme.

Certains parents sont tellement anéantis qu'ils sont perdus. Ils ne voient plus comment s'y prendre avec la souffrance, l'angoisse, et le deuil de l'heureux événement. Certains petits ont très peu de visites. D'autres parents s'investissent à fond dans ce lien si menacé et viennent jour après jour, heure après heure, lutter à leur façon pour tenter de donner à leur enfant toutes les chances de s'accrocher à la vie.

Le peu qu'on est capable de faire semble dérisoire – et pourtant c'est vital : tirer son lait, être présents, l'encourager, le caresser quand c'est possible. Mais aussi chercher le repos, et le courage de consentir au drame et à l'impuissance. Lutter contre le désespoir et contre la culpabilité. La mère a souvent l'impression d'avoir failli ou d'avoir été trahie : son corps n'a pas joué son rôle. Elle revit en boucle les dernières semaines : a-t-elle pris des risques ? Manqué certains signaux ? Négligé sa fatigue ? Comment pardonner à ce corps incapable, infidèle ? Les soignants ont-ils été suffisamment attentifs ? Il faudra un long chemin d'acceptation et de réconciliation avec soi et avec la vie. Un long chemin aussi pour oser retenter l'aventure.

Aujourd'hui en Occident, grâce aux performances des services de néonatalogie et à la qualité des soins prodigués, la grande majorité des prématurés s'en sortent. Ils gagnent ainsi leur premier trophée, forçant l'admiration de toute la famille. Quand une grossesse ou une naissance a été particulièrement périlleuse, on n'oublie pas d'où l'on revient et c'est tous les jours que les parents savourent leur chance en contemplant l'enfant prodige qui grandit sous leurs yeux et irradie la vie.

Deuils

> La vieille ne se souciait pas du silence, elle dit : Tu as perdu ton fils. C'est le plus dur qu'on peut vivre. Les enfants, c'est le bonheur des femmes et leur faiblesse. C'est par là seulement qu'on peut les abattre. Et c'est le miracle du bon Dieu, tu as résisté. Tu es courageuse et c'est bon pour tes enfants et pour ton homme, car ils ont besoin de toi.
>
> Alice Ferney,
> *Grâce et Dénuement*, p. 175.

Il y a des maternités interrompues, celles qui débutent à peine et nous plongent dans un grand désarroi, surtout quand on n'a pas encore enfanté. Tout avait commencé, avec la même fatigue et les mêmes élans de la métamorphose… et c'est du vide et de l'absence qu'on accouche. Un sentiment d'échec et d'incompréhension s'installe, un doute immense : pourrai-je un jour avoir un enfant ? On se rassure comme on peut. Peut-être le corps maternel n'était-il pas prêt, ou l'embryon pas viable. On se souvient que la vie elle-même opère des sélections secrètes : il est assez fréquent que l'œuf fécondé soit spontanément détruit dans les premiers jours. On peut penser que le bébé a lui aussi son mot à dire : peut-être celui-ci n'avait-il pas la force ou le désir de vivre davantage…

Il y a des maternités qu'on porte plus loin : des semaines, des mois, et l'on prend le temps de vibrer ensemble, de découvrir de manière confuse le bourgeon d'un petit quelqu'un avec tout le poids de son corps et l'innocence de son âme. La maman rêve avec et pour son petit, elle échange tout autant et prépare l'avenir. Mais tout s'arrête avant les retrouvailles. Elle reste privée de celui qu'elle aimait déjà. La rencontre attendue n'a pas lieu. La maternité et la naissance ne sont pas reconnues comme telles. Pourtant la mère sait qu'il y a eu en elle un être unique, inimitable. Même si le père partage la peine d'avoir perdu un enfant, elle vit cette douleur étrange d'être la seule à l'avoir un peu connu, d'une connaissance charnelle incommunicable. Elle a été le témoin d'une présence pleine et pourtant éphémère, d'une existence qui est restée invisible au monde et que le monde aura tôt fait d'oublier.

> Il m'a écrit pendant six heures sa lettre d'adieu sur l'écran du monitoring, mais je n'ai pas compris, je déchiffrais mal cette écriture heurtée puis presque plane, je n'ai pas su lire – c'était la première fois que j'étais en correspondance avec un bébé. Il est né « en état de mort apparente » : ni cris, ni couleurs, ni gestes. Pas vu, pas pris, pas donné. Emporté. Pas d'odeurs des corps, pas

de douceur de la peau, pas de chaleur, pas de mots. Né sans sens. Aucun sens à rien. Né en silence. Pas vu le jour, pas pris le temps. Pas donné la vie. [...]

Après sa naissance, j'ai dû faire non seulement le deuil de lui, mais le deuil de moi, tant il est certain que dans l'amour on aime aussi l'image que l'autre a de nous. [...] Le sentiment de toute-puissance que peut éprouver une mère qui vient d'accoucher, lorsqu'elle sent que pour son bébé elle est tout, j'en ai eu l'exact négatif à la naissance de Philippe : je n'étais rien pour lui, pas même l'objet perdu, l'être idéal qu'il était déjà pour moi.

Camille Laurens, « Abandon*nés* »,
dans *Naissances*, p. 100 et 103.

Commence un deuil en solitaire, parce que cet enfant attendu de beaucoup n'était connu de personne, parce que sa courte histoire n'est pas inscrite au registre de l'histoire des hommes, et qu'on ne gardera aucune trace de son visage, aucun souvenir de sa physionomie. Ces petits-là semblent égarés entre le monde des anges et celui des vivants, piégés comme dans un rêve ancien, refoulés derrière les nuages d'une peine indicible. La mère reste meurtrie dans sa chair et son âme. Elle ne pourra plus oublier la date initialement prévue pour la naissance, ni celle de cette mort silencieuse et froide. Donner un prénom à cet enfant de chair et d'amour, lui dire ou lui écrire adieu, peut lui rendre sa place : il a bien existé dans notre histoire familiale et son passage au milieu de nos vies a laissé son empreinte.

À une femme qui lui confiait sa douleur d'avoir perdu deux petites jumelles à 8 mois de grossesse, le professeur Jean-Pierre Relier répondit ceci : « Voyez-vous, madame, [...] vu du dehors, c'est-à-dire de notre point de vue, dans notre échelle temporelle, votre grossesse a duré huit ou neuf mois. Mais pour vos jumelles, il en a été tout autrement. Vu du dedans, c'est-à-dire de leur point de vue à elles, madame, vos filles ont passé en vous... je dirais entre un et deux milliards d'années !... C'est le temps qu'il a fallu à la vie pour évoluer des premières cellules vivantes jusqu'à l'humain. » Il explique ensuite que les embryologistes se sont émerveillés de découvrir, au XIXe siècle, que l'évolution d'une personne pendant la vie utérine récapitule l'évolution de la vie sur terre : « Là, bien installées dans votre giron, elles ont traversé tous les états qui vont de l'unicellulaire à l'être humain. Ce fut forcément une expérience extraordinaire. [...] Seulement voilà : pour des raisons que j'ignore toujours et vous aussi semble-t-il, [...] après avoir vécu un milliard d'années en vous, ces âmes sœurs ont tiré leur révérence... Et vous êtes tombés dans un grand désarroi, dont vous avez pu avoir l'impression que vous ne sortiriez jamais. Ce qui est tout à fait normal. Et pourtant ma vieille expérience – voilà trente-cinq ans que sont passés entre mes mains des milliers de bébés, souvent minuscules, pesant moins d'un kilo, à la croisée des chemins entre la vie et la mort –, ma vieille expérience m'autorise à vous le dire avec une grande confiance : non, cette aventure n'était pas absurde, madame. Ce fut une très grande histoire d'amour, qui a eu un sens très important pour vous et pour vos deux enfants. Ce sens vous échappe. Il m'échappe aussi. Mais il existe. Nous devons faire confiance à la vie, même si elle nous dépasse infiniment »[1].

---

1. Propos de Jean-Pierre Relier, rapportés par Patrice Van Eersel, dans son livre-enquête sur la naissance : *Mettre au monde*, p. 415-417.

Mon tout-petit
Nos destins sont liés
À la vie, à la mort
Si je meurs, tu succombes
Mais si c'est toi qui meurs et que je vis encore
Je porterai ta mort
En plein corps
Tombeau vivant

Adoptions

Parfois la grossesse se révèle impossible. Pour les parents qui désirent ardemment avoir des enfants, c'est une blessure profonde, qui peut laisser un sentiment d'inachèvement et d'incomplétude, de marginalité aussi.

Certains parents se tournent vers l'adoption. C'est une démarche différente car l'adoption ne remplace pas la grossesse. Il faut renoncer à porter l'enfant qui prolonge l'union physique et nous ressemble, et faire entrer dans notre histoire celle d'un autre amour, blessé et trahi. On accueille l'enfant que d'autres ont conçu et porté à la vie, puis abandonné ou confié pour diverses raisons que souvent nous ne connaîtrons pas. L'enfant arrive avec un grand vide, un grand besoin à consoler. La question du lien et de la filiation se pose autrement.

Les parents vivent alors une autre attente. L'enfant qu'on ne porte pas dans son corps, on le porte dans son cœur et dans sa tête. Les démarches peuvent être très longues, mais la réflexion est aussi souvent plus poussée, car l'accompagnement pour obtenir un agrément oblige les futurs parents à se confronter à leurs propres limites, à envisager toutes les éventualités (les traumatismes de l'abandon, le handicap, le sentiment de marginalité pour la famille ou pour l'enfant…). Les incertitudes et les angoisses ne sont pas similaires, mais ce qui est vécu par certains comme un véritable parcours du combattant renforce aussi la détermination à tout donner pour cet enfant.

Dans l'adoption, de grands élans d'amour, creusés par le manque et l'attente, se rejoignent et l'attachement devient souvent aussi puissant que l'attachement naturel.

J'ai vécu trois grossesses et une adoption. Il n'y a pas de différence dans l'amour. La rencontre dans l'adoption est un moment incroyable, tellement fort ! Quand nous sommes allés chercher notre fille au Burkina Faso, elle avait déjà 1 an. Nous avions emmené notre fils aîné, âgé de 5 ans. L'enfant qui vient de soi, c'est un bout de soi. Pendant la grossesse on le sent en nous, on le connaît déjà un peu. L'enfant d'ailleurs paraît encore plus miraculeux. Il est vraiment différent de nous. L'accueil est peut-être encore plus inconditionnel : on a moins d'attentes, on le prend comme il est. Le jour où nous sommes allés la chercher chez sa nourrice, très vite elle s'est jetée dans les bras de notre fils. Il était tellement heureux qu'il répétait : « Elle m'a adopté ! Elle m'a adopté ! » Elle avait été très bien préparée à notre venue et nous attendait. En deux jours, elle nous considérait comme sa maman et son papa, elle voulait toujours rester avec nous (Jeanne).

Si l'on peut repérer des étapes clés dans le processus de la grossesse, il n'en est pas de même pour l'adoption : les histoires d'adoption sont toutes singulières. Le parcours des parents, l'âge de l'enfant au moment de son adoption, son pays d'origine, tout concourt à dessiner des aventures familiales originales.

Souvent le lien charnel reste important. On a besoin du toucher pour recréer ce contact essentiel des corps, apprendre ce langage fait de confiance et de caresses. L'amour déborde au-delà du vide, au-delà des blessures, au-delà du grand mystère de l'origine.

L'enfant nous montre le chemin parce qu'il fait tout pour être aimé.

Pour créer un lien physique dont il avait besoin et moi aussi, je l'ai beaucoup porté, je l'ai materné, je l'avais tout le temps sur moi, plus que le papa. J'avais besoin de recréer le contact qu'il n'y avait pas eu pendant la grossesse. Un peu pour rattraper ça. Et aujourd'hui encore, il a gardé un attachement physique très fort avec moi, il vient dans mes bras, sur mon ventre, il a besoin d'être câliné, sécurisé.

Au bout d'un an ou deux, le lien était si fort qu'il a fait naître en moi le chagrin de ne pas l'avoir porté. Le regret de ne pas être sa mère biologique. Parfois je me demande : comment est-il possible de l'aimer autant sans l'avoir porté ? (Amélie.)

La générosité des uns comme de l'autre abonde, car l'enfant qui réclame des parents a aussi un immense besoin d'aimer et de combler d'amour ceux qui l'accueillent. Mais le doute universel dans la quête de soi et du juste amour restera plus marqué : qui suis-je, moi dont m'échappe une part essentielle de mon histoire ? Et nous, comme parents, saurons-nous répondre aux besoins immenses d'affection, de sens, de lien de notre enfant ?

Aujourd'hui, à 6 ans, il me pose encore des questions : il veut savoir si lui aussi il est bien sorti du ventre de sa mère.

Il recherche la normalité. C'est parfois un souci pour lui. Il lui arrive d'évoquer son nom de naissance, puis il se fait une raison : « C'est toi ma maman. » Mais il pense à elle et se dit : « Elle a peut-être les cheveux comme moi, les yeux comme moi. » Il a besoin de ressembler à quelqu'un (Amélie).

Maternités

De nombreuses femmes vivent autrement la maternité, et beaucoup font preuve d'une fécondité et d'une disponibilité d'autant plus grandes qu'elles n'ont pas d'enfant issu de leur chair. Il faudrait bien d'autres livres pour dire tant d'affection.

La maternité biologique n'est-elle pas simplement la manifestation la plus visible et la plus naturelle d'une maternité spirituelle bien plus large dont elle découle : un amour qui accueille ? Devenir mère serait alors se laisser toucher par l'autre, et rejoindre en profondeur, faire de la place en soi pour nourrir et prendre soin, encourager, puis s'émerveiller de sentir l'autre croître, et s'oublier dans la joie de le voir naître à lui-même et naître au monde.

Mais les hommes ne font-ils pas aussi l'expérience d'un tel accueil, d'une telle écoute ? Cela signifierait-il que dans le fond de l'humain, dans l'amour, la différence sexuelle se résout ?

Parce que j'avais fait le choix délibéré du célibat, j'ai pu me rendre disponible pour accueillir ponctuellement un ami en grande détresse sociale et psychologique. Il avait besoin d'un abri, mais aussi d'être nourri, écouté. Même s'il était adulte, il n'avait jamais reçu cet amour inconditionnel, il en avait besoin pour grandir. C'est étonnant, j'ai recompté ensuite : je l'ai hébergé neuf mois. Quand je me levais la nuit parce qu'il était en crise, je pensais aux mamans qui se lèvent pour un bébé et dont les nuits sont chaotiques. Cela a créé un lien très fort entre nous. Ensuite j'ai continué de l'accompagner autrement, dans ses démarches, sa recherche de logement puis de formation. Je l'ai vu peu à peu se stabiliser, malgré les rechutes et les difficultés. J'avais aussi les douleurs de l'enfantement. Je le portais en moi spirituellement (Clarisse).

L'autre monde

J'ai d'abord habité dans le ventre d'une Juive, grande, blonde, belle, qui était militante maoïste et avait un diplôme d'anglais [...]. J'étais emporté çà et là, parmi les rues de Tunis et les restaurants de Paris, mais je ne quittais pas mon vivant ermitage, ne rencontrant les gens qu'à travers le tamis d'une muqueuse qui me les rendait tous chaleureux. C'est ainsi que j'ai débuté dans la vie. Dans un tabernacle de chair. L'inquiétude ne vint qu'après, avec la dissipation. Cependant, si j'en crois le célèbre vers de Wordsworth – « L'Enfant est le père de l'Homme » –, il est impossible que cette première expérience du réel ne fût pas le socle de toutes celles qui suivirent.

Fabrice Hadjadj,
La Profondeur des sexes, p. 162-163.

Aux origines de la sensibilité

Je ne me souviens pas de ce que j'ai vécu dans le ventre de ma mère. Cette expérience originelle nous est commune mais échappe à notre conscience. Je me demande maintenant ce que vit et ressent mon petit enfant, dans son pays liquide. Que perçoit-il de son milieu ? Que suis-je pour lui, moi qui l'entoure et le porte ? Comment réagit-il au monde extérieur ? Peut-il distinguer les différentes personnes qui l'approchent ? En garde-t-il mémoire ?

On a cru pendant longtemps (négligeant l'expérience des femmes enceintes) que le fœtus, parce qu'il était en plein développement, avait un système sensoriel peu élaboré, qu'il ne ressentait presque rien. Certains ont même affirmé jusque dans les années 1950 que le nouveau-né n'éprouvait pas vraiment la douleur ; qu'au moment de la naissance il ne souffrait pas, que sa perception était encore confuse, et qu'il était notamment incapable de voir. Depuis cinquante ans, la médecine fœtale a pu étudier de manière précise et non invasive le développement du bébé. Ses découvertes renversent les préjugés d'autrefois[1].

---

1. Je fais ici la synthèse de rapports établis par différents auteurs et chercheurs (pédiatres, gynécologues, psychiatres et psychologues) : Jean-Pierre Relier, Marc Pilliot, Benoît Bayle, Corinne Antoine, Étienne Herbinet, Marie-Claire Busnel et Anne Héron (voir bibliographie). Les recherches ne cessent d'apporter de nouveaux éléments.

Non seulement la sensorialité du fœtus est précoce, mais elle lui permet déjà *in utero* de se sentir lui-même ainsi que son environnement, d'éprouver plaisir ou déplaisir, de se mouvoir spontanément et d'interagir avec son milieu et le monde extérieur. Il est même capable d'exprimer par ses mouvements et son activité son propre ressenti (gêne dans une position inconfortable, attention aux voix, réponse aux sollicitations tactiles...). Sa motricité précoce et sa sensorialité de plus en plus vive sont à la base d'émotions et d'affects variés, ainsi que d'échanges très riches avec moi et l'entourage. La plasticité de son cerveau fait aussi de cette période le fondement d'apprentissages majeurs.

Pour mon enfant, ces premiers échanges sont exceptionnels en comparaison de tout ce qu'il connaîtra par la suite, et proprement uniques dans son histoire. S'ils demeurent inconscients et confus, il est fort probable qu'ils ont pourtant des répercussions sur sa vie future et ses relations à venir. Il s'imprègne de ce qu'il vit en moi, il en garde la mémoire corporelle et affective. Benoît Bayle, psychiatre spécialiste de la conception et de la maternité, fait l'hypothèse que l'identité de l'enfant à naître s'élabore dès la vie utérine, en interaction avec le vécu de sa mère. Certains évoquent l'émergence d'un « moi » prénatal, d'autres vont jusqu'à considérer le fœtus comme une personne. Il fait preuve en effet d'aptitudes à se mouvoir, à communiquer, à interagir et à vouloir, et dispose déjà des supports matriciels du langage et de la pensée.

Ainsi, la naissance n'est pas le commencement du vécu sensoriel, mais un événement central et déterminant dans une aventure commencée beaucoup plus tôt. Elle marquera surtout une rupture définitive : perte d'un univers bien connu, et découverte d'un nouveau monde dans lequel mon tout-petit cherchera les repères qui lui étaient devenus familiers.

Les sens en éveil

Nous le savons aujourd'hui : le fœtus perçoit de nombreuses sensations, dès la fin du stade embryonnaire (8 semaines de grossesse), peut-être même avant, et ces stimulations sont indispensables à sa croissance et à la maturation de son cerveau. Mon corps lui offre tout un panel de sensations internes : mouvements, tonus musculaire et postures, odeurs et saveurs présentes dans le liquide amniotique, bruits de l'organisme, battements cardiaques... En outre, même s'il est immergé dans ce milieu protecteur, il perçoit, de manière étouffée et déformée, certains éléments de l'environnement extérieur. Tous ces apports lui permettent d'exercer sa sensorialité et de développer ses aptitudes. Les chercheurs ont pu préciser, à partir de différentes expériences sur d'autres mammifères, que le déficit ou l'excès de stimulations (bruits assourdissants, traumatismes...), notamment à certaines périodes « sensibles » de son développement, pouvaient provoquer des anomalies graves et persistantes : surdité, troubles cardiaques, troubles de croissance. Ils ont aussi montré que les différents systèmes sensoriels sont dépendants les uns des autres.

Le premier à se mettre en place est le toucher, en même temps que le système vestibulaire (organe de l'équilibre). Quand je me déplace, mon mouvement caresse la peau de mon bébé, mais provoque aussi, par ce balancement, une modification de sa posture dans l'utérus. Il perçoit alors la position des parties de son propre corps (proprioception) et développe son sens de l'équilibre. Ces sensations reposent d'une part sur des capteurs cutanés, qui s'activent progressivement autour de sa bouche, sur son visage, puis sur la paume de ses mains et la plante de ses pieds, avant de s'étendre à l'ensemble du corps, et d'autre part sur les voies nerveuses qui s'organisent pour transmettre les informations sensorielles.

En général, l'activité du bébé est inversement proportionnelle à la mienne : quand je suis active, il inhibe ses mouvements spontanés pour s'adapter aux miens. Quand je me repose, il s'active à son tour. Ces stimulations variées favorisent le développement de son tonus musculaire.

Ainsi, vers 3 ou 4 mois, mon bébé est déjà très sensible : il sent son propre corps et le milieu dans lequel il baigne. Il perçoit le liquide qui pénètre par son nez et sa bouche et qu'il avale. Il est réceptif aux tensions musculaires ou aux contractions de l'utérus, à mes mouvements et déplacements, aux pressions de la main sur mon abdomen.

Porté par son milieu liquide, il ne ressent pas au départ son propre poids. Au fil de la grossesse son corps s'alourdit, mais il est toujours soutenu. Je le promène de lieu en lieu, modifiant l'orientation de son espace (vertical, horizontal, selon que je suis debout ou allongée). Il a d'ailleurs ses préférences et je le sais : nous sommes mieux installés si je m'allonge sur un côté que sur l'autre, tout dépend de sa position à lui.

En fin de grossesse, il ne sera plus totalement libre de ses mouvements, bientôt à l'étroit dans son cocon aquatique. À force de chercher une position confortable, il finira souvent par se retourner : sa grosse tête pesante se retrouve en bas, et le voilà prêt à amorcer sa descente. Je souris en imaginant qu'il passera ainsi ses dernières semaines utérines à parcourir le monde à l'envers.

Après le tact et l'équilibre, ce sont le goût et l'odorat, puis l'audition, qui s'élaborent de façon précoce pour être pleinement matures autour de 6 mois. Les papilles gustatives sont rapidement fonctionnelles (sans doute avant 3 mois). Je sais que mon bébé gardera longtemps une préférence marquée pour les saveurs dont il a fait l'expérience par le liquide amniotique, qu'elles soient douces ou fruitées, fortes ou épicées. Ces saveurs passeront aussi dans mon lait.

Puis le système olfactif se met en place et se déploie si bien que le nouveau-né aura un odorat plus développé que celui d'un adulte. À la naissance, il reconnaîtra d'abord mon odeur et sera bientôt attiré par mes seins, dont le premier « lait » (le colostrum, liquide très nutritif) aura l'arôme du liquide amniotique.

L'ouïe semble fonctionnelle vers 6 mois. Mon bébé réagit alors aux bruits extérieurs et perçoit d'autant mieux les sons graves. Parmi les voix qu'il entend, la mienne, qu'il perçoit intérieurement par les os et les tissus, reste naturellement dominante. Pour lui, elle est deux fois plus forte que les autres voix. Après la naissance, il la distinguera entre toutes.

La vision, sens privilégié pour nous, semble jouer un rôle mineur à ce stade de la vie, puisqu'il n'y a pas grand-chose à voir. Pourtant elle commence à se mettre en place très précocement (dès la cinquième semaine) et l'œil est potentiellement capable de voir autour de 5 ou 6 mois, même s'il lui faudra un peu de temps après la naissance pour s'adapter à la luminosité extérieure.

« Pourquoi toute cette sensorialité fœtale est-elle aussi performante, alors qu'il n'y a aucun objet à appréhender ? » s'interroge le pédiatre Marc Pilliot. D'après lui, c'est sans doute essentiel à la maturation et la coordination globale de l'organisme, mais cela procure aussi à l'enfant une perception complète de son univers, par une « expérience généralisée du sensible ». Marc Pilliot développe ainsi l'idée d'une « vision intérieure » qui intègre les données des différents sens pour s'en faire une représentation syncrétique. Il ajoute : « On peut dire aussi que toutes ces capacités sensorielles permettent au fœtus d'être "branché" sur l'intérieur de sa mère, lui donnant ainsi l'opportunité d'évoluer et de croître au rythme secret du corps et de l'esprit de celle-ci. »[1]

---

1. Marc Pilliot, « Le regard du naissant ».

La relation primordiale

Dès le troisième mois de grossesse, la qualité du « milieu maternel » devient donc déterminante pour mon enfant, dont les multiples perceptions ne cessent de s'enrichir et de s'affiner. Puisque mon activité, mes habitudes, mais aussi ma vie intérieure et mon ressenti, sont absolument singuliers, mon enfant fait l'expérience d'un vécu charnel et humain marqué par ma personnalité. Comment cette « symbiose » de plusieurs mois pourrait-elle être sans conséquence pour lui ? Comment pourrait-il naître indemne de ma manière d'être et de vivre ? Si la vie utérine prépare et conditionne la venue au monde et la vie future d'un enfant par de multiples aspects physiques et physiologiques, comment douter de sa répercussion sur sa vie relationnelle, alors même qu'elle lui donne à vivre la relation la plus fondamentale de son existence : relation à la fois originaire, unique et totale ?

J'essaye d'imaginer ce qu'il ressent et plonge dans la mémoire de mon lointain passé. En quoi consiste pour lui cette relation ? C'est d'abord une caresse continuelle et globale : pour lui je suis là toujours et tout autour. Je ne suis pas vraiment extérieure à lui, je suis son environnement, un peu comme un prolongement de lui-même, une seconde peau vivante et tactile. En moi, mon bébé est contenu, maintenu dans un milieu aquatique, chaud et agréable. Il perçoit progressivement les contours de ce nid douillet et mou de part en part, qui s'étend à mesure de sa croissance et qu'il finira par emplir. C'est un monde englobant, dans lequel il n'y a pas de vide, pas de courant d'air, pas d'obstacle, pas d'absence. Alimenté en permanence selon ses besoins, il ne manque de rien, il est comblé. Ce monde ne change pas. De l'intérieur, mon enfant perçoit continuellement la même chaleur, les battements de mon cœur et tous les soubresauts de ma vie biologique interne (ceux dont je n'ai même pas conscience) : il est plongé dans les bruits, les mouvements organiques et même les odeurs de mon corps. Il vit dans un vivant humain.

Il s'habitue à la cadence de mon pas, paisible ou saccadée, à ma façon de le balancer en marchant. Il est constamment emporté, bercé par mon allure. Je lui transfère mon mouvement et ses sensations sont différentes si je me promène, si je me repose ou si je nage. Il ne respire pas, mais par la bouche il tète déjà tout ce qui passe à sa portée : il suce son pouce ou le cordon ombilical, il goûte dans le liquide amniotique les saveurs de ce que je mange et s'habitue à mes menus. Je lui transmets ainsi une part de ma culture et de mon mode de vie à travers ce que je cuisine, c'est une ébauche d'éducation des papilles…

Ma voix lui devient familière. Depuis longtemps je lui parle, depuis le début, mais maintenant c'est différent, je sais qu'il m'entend et je l'enrobe de ma voix. À travers mes paroles, il suit la mélodie et le tempo de sa langue maternelle et il apprend ainsi les rudiments de la grammaire. En fin de grossesse, il peut distinguer les syllabes, différencier les locuteurs et même les langues parlées autour de lui. S'il ne comprend pas les mots, il perçoit les intonations, le rythme, la musicalité, qui préparent, dans son cerveau, la reconnaissance de la structure des phrases.

Il découvre mes musiques et écoute mes chansons préférées au point d'en garder une empreinte mémorielle. Les soignants témoignent que certains nouveau-nés, mêmes prématurés, sont attentifs et réagissent aux mélodies qui les ont régulièrement bercés *in utero*. Elles les rassurent et les apaisent. D'une manière générale, après la naissance, tout ce qu'il a déjà connu (contacts, odeurs, goûts, sons, voix et musiques) lui apportera du réconfort.

Mon enfant est aussi atteint par mes émotions. Il reçoit des décharges d'adrénaline quand j'ai un sursaut de panique, des euphorisants quand je suis joyeuse... Les hormones secrétées par mon corps, en lien avec ce que je ressens (plaisir, tristesse, stress, excitation, etc.) traversent la barrière du placenta. Il vit une sorte de « contagion affective », puisqu'il est dans un état quasi fusionnel avec moi, sa mère liquide.

Dans les derniers mois de la grossesse, où sa sensibilité s'est déployée, il vit et ressent tout ce qui m'arrive : déplacements, stimulations externes et internes, mais aussi émotions positives et négatives, et tout cela le prédispose sans doute à appréhender la vie d'une certaine façon. Évidemment je culpabilise un peu : j'aimerais ne lui donner que le meilleur, que le bonheur, pas l'inquiétude ou le chagrin. Pourtant il a besoin de tout, de tout ce qui fait la vie intense et foisonnante d'un être humain. Après la naissance, ce sera bien pareil : quand on se donne tout entier, on donne le pire et le meilleur de soi, le minable et l'excellent… et c'est au creux des failles que se forgent l'humilité et l'empathie.

Jusqu'où va cette contagion ? Mon enfant est-il aussi atteint par mes pensées, mes questionnements ? Certes, ce qui occupe mon esprit a un retentissement sur ma posture, provoquant tension ou décontraction, calme ou agitation. Dans son récit autobiographique *Moi, Boy*, l'écrivain Roald Dahl raconte que son père avait la conviction que les pensées de la femme enceinte se transmettaient à l'enfant. Il proposait à son épouse de « glorieuses promenades », dans d'harmonieux paysages, afin que sa contemplation imprègne l'enfant du sentiment du beau et lui communique son émerveillement devant la vie. Anecdote amusante, qui n'est peut-être pas si fantaisiste qu'elle y paraît…

Au fil des semaines, mes mains reviennent sans cesse saluer mon petit hôte. Je l'enlace et je le câline, je le palpe et le déplace en douceur s'il me fait mal. Je me demande dans quel sens il est. J'essaye d'attraper les petites bosses. Qu'est-ce que c'est : un pied ? un coude ? Je lui parle à voix basse et le cajole. J'ai l'impression d'être un potier qui modèle la chair humaine de l'enfant. Combien de patientes et tendres caresses pour façonner l'humanité ?

Il me répond à sa manière : il vient se caler sous mes mains, et repousse la paroi. Je ferme les yeux pour descendre en moi-même, je le rejoins dans son cocon calfeutré et je l'écoute avec mon ventre. Et lui tambourine en silence… Échanges complices, inaperçus du monde : c'est le premier langage humain, les premières bribes d'une conversation qui se poursuivra autrement après la naissance. Nous jouons dans le silence de nos corps partagés.

Dans cette union si particulière se tisse le plus souvent un lien profond et mystérieux, unique au monde et presque inaltérable entre la mère et l'enfant. C'est un lien total, qui prend racine dans le corps et toutes les sensations de la vie utérine, se prolonge dans les sentiments et les émotions que la mère et l'enfant ont partagés pendant la grossesse, puis dans toutes les formes possibles de communication tactile ou vocale. Il y a dans cette première relation quelque chose d'indicible et d'insaisissable, non seulement pour l'observateur extérieur, mais pour les acteurs eux-mêmes. Il est presque impossible pour la mère de dire le lien charnel qui la relie à son enfant. Il sera de même impossible pour l'enfant de comprendre d'où lui vient un tel attachement. Sa mère restera pour toujours son pays d'origine, une part vitale de son monde. L'un de mes garçons expliquait un jour à son frère avec lucidité : « Tu sais pourquoi je connais mieux maman que papa ?... Parce que j'étais dans son ventre ! »

> Ainsi tu seras mon fruit [...].
> Et je suis ton arbre.
> Non pas ton arbre généalogique – tu ne porteras pas mon nom – mais l'arbre qui de sa sève t'aura formé(e).
> Le cœur de ton père bat mais tu ne l'entends pas. Les poumons de ton père respirent mais tu ne les sens pas.

> Les entrailles de ton père sont vivantes, elles font des gargouillis, remuent, travaillent, digèrent, mais tu l'ignores. Le corps de ton père s'étire, se penche, se lève, s'assoit, s'allonge, se tend et se détend, mais tu ne sais rien de tout cela. [...]
>
> Ce sont les impressions olfactives, auditives, kinésiques de mon corps à moi qui laissent en ce moment des traces dans ton cerveau. Du corps de ton père, tu ne connaîtras que l'extérieur, l'écorce – la peau sèche, les poils, la voix portée par l'air et non par la chair.
>
> Nancy Huston, *Journal de la création*, p. 324-325.

Le monde par procuration

Au-delà de moi, mon enfant perçoit confusément le monde extérieur, dont les échos lui parviennent assourdis par les bruits du monde intime de mon corps. Ainsi notre premier rapport au monde passe par la médiation d'un autre. Notre manière d'être, nos premières sensations, et même nos impressions agréables ou non, sont associées aux perceptions utérines. C'est d'abord à travers un autre humain, et précisément à travers une femme qui a sa sensibilité, son rythme, ses préférences, ses préoccupations que l'on reçoit le monde.

En effet, mon enfant n'est pas encore au monde, mais moi j'y suis. Par toutes mes activités, toutes mes rencontres, je lui partage « mon » monde : il entend les voix de *mes* proches, les bruits de *ma* rue, les modulations de *mon* quotidien. En fin de grossesse, il perçoit même vaguement la luminosité ou l'obscurité des endroits où nous sommes. Il suit le rythme du travail et du repos, et devient familier de mes lieux familiers.

Je ne suis pas seule, mes proches aussi veulent apprivoiser l'enfant. Au fur et à mesure, ils peuvent à leur tour ressentir les mouvements du bébé et avoir avec lui un début d'échange. Premières relations avec l'extérieur.

L'haptonomie, dont nous avons déjà parlé, permet d'approfondir ces interactions. Irène Pergent, sage-femme et haptothérapeute, fait partie des pionnières à avoir pratiqué cette discipline en France, à la suite de Catherine Dolto. Elle raconte : « Je commence les séances le plus tôt possible, avant même que la maman sente le bébé bouger en elle. Ainsi elle découvre la différence entre les mouvements spontanés du bébé et les mouvements qui sont des réponses. Dès 8 semaines de grossesse, quand on pose les mains d'une certaine façon pour appeler le bébé, il vient se lover dans nos mains. Le bébé répond toujours. Pas en donnant un coup avec la main ou le pied, non, il vient avec tout son corps, toute sa personne. Comment peut-il répondre si tôt ? Je pense que le sens du toucher est un sens très avide, à l'affût de la rencontre. Le bébé ne réagit pas de la même façon si on pose une main distraite, inquiète ou encore technique, il le sent tout de suite. Parfois le papa a la main un peu lourde, il appuie, le bébé s'en va… C'est pour cela qu'il faut apprendre à poser une main invitante et chaleureuse. Quand les parents ont fait cette expérience, ça change beaucoup de choses dans la vie de tous les jours.

Pour le papa, sentir que son enfant est là et qu'il lui répond, c'est très important. Commence alors une interaction très riche. Certains parents m'ont dit que cela avait changé leur façon d'être, leur manière d'aborder les autres, et même parfois leur pratique professionnelle. »

En investissant très tôt cette communication tactile et affective avec l'enfant, on lui donne des atouts pour sa vie future. On laisse le tout-petit exprimer ses préférences : s'approcher ou s'éloigner, poursuivre un mouvement ou l'interrompre, revivre une situation ou l'éviter. Par le contact et la parole, l'haptonomie mobilise déjà cette capacité de discernement qui prépare les choix conscients et l'expression d'une intention personnelle. L'enfant prend confiance en lui, dans le monde et dans ses parents. Il découvre ses compétences et ses limites, c'est un équilibre. Les enfants accompagnés ainsi précocement dans la perception de leur propre corps, en relation avec les autres et avec ce qui les entoure, ont beaucoup d'assurance.

Les séances suivantes, le père apprend comment entourer la mère et l'enfant. Il découvre qu'il est le gardien de la sécurité de sa compagne et que tout ce qui apporte du « bien-être » permet aussi le « bien naître ». C'est souvent une révélation pour lui.

Le papa et moi, on a fait de l'haptonomie, accompagnés par une sage-femme. Je ne voulais pas être trop fusionnelle, je trouve important que le père ait aussi sa place et qu'il commence à échanger avec l'enfant. On apprend à le faire bouger, à le faire réagir à nos voix. Il reconnaît la voix de son papa, il s'habitue à son contact. À la maternité, il y a une sage-femme qui va très loin sur cette question. Elle propose aux pères de vivre l'accouchement : elle les met en position d'accoucher et leur raconte, pour qu'ils puissent comprendre ce que ça représente pour la maman (Lise).

Irène poursuit : « À l'échographie on a même pu observer que les réactions de l'enfant diffèrent en fonction des personnes qui entrent en contact avec lui. On voit à l'écran qu'il ne fait pas les mêmes mimiques si c'est une simple séance d'échographie, si son père intervient ou encore si c'est l'haptothérapeute. Il les identifie et les mémorise, il sait que ce n'est pas la même main. Quand les parents ont cultivé cette relation avant la naissance, l'enfant retrouvera plus facilement ses repères : il reconnaîtra le contact particulier de sa maman, la main de son papa. L'haptothérapeute prépare ensuite le "chemin de naissance", en montrant à l'enfant qu'il a un rôle à jouer. Il a encore plus envie de se faire naître. »

L'haptonomie, parmi tant d'autres propositions pour accompagner l'aventure de l'enfantement, favorise des naissances plus douces et plus sereines pour l'enfant comme pour ses parents. Elle nous révèle à la fois la radicale altérité de l'enfant à naître et son appétence à communiquer avec ceux qui l'attendent.

Les derniers mois, le bébé interagit de plus en plus avec l'extérieur. Il ressent aussi les contrariétés et réagit aux éclats de voix ou aux crispations qui sont palpables dans l'environnement et dans mon propre corps. Parfois, quand il y a de l'orage dans l'air, c'est lui qui se manifeste, qui cherche le contact, comme pour me rassurer de sa présence. Même s'il est enfermé dans sa bulle, ce qui se passe autour l'intéresse, l'attire. L'attente semble grandir dedans et dehors. Certains amis rêvent (et parfois réclament) de toucher mon ventre, comme si ce n'était plus *mon* ventre, pour sentir eux aussi ce petit qui gigote et me fait sursauter avec ses coups de coude ou de pied. Aux plus intimes je peux permettre d'approcher la vie secrète et agitée de ce petit baigneur. Nous le rencontrons à travers mon ventre, plein à craquer.

⁝

Les enfants se blottissent tout contre moi,
tout contre toi,
impatients de te voir, émerveillés de te sentir.
« Pourquoi il est là, ton bébé ? Tu l'as mangé ? »

Ton frère et ta sœur veulent te parler,
je dois ouvrir grand la bouche,
ils se penchent à mes lèvres
et t'appellent : « Ohé, bébé ! »

Ta sœur veut te donner du yaourt et du gâteau au chocolat :
« Mange, maman, c'est pour lui ! »

À travers ma peau elle te chuchote des secrets,
puis plaque son oreille, pour t'entendre.
Elle se redresse un peu fâchée :
« Je ne comprends pas ce qu'il me dit ! »
Alors elle m'appuie sur le ventre, pour te chatouiller.

Elle voit de tout petits sursauts, réguliers :
tu as le hoquet.

Soudain ce sont des collines,
puis des montagnes mouvantes
qui me déforment l'abdomen !
Les enfants sont captivés, hilares :
c'est l'heure du match de foot *indoor*.

⁝

École maternelle

Maintenant je comprends un peu mieux. Je devine ce que vit mon enfant en moi et ce que j'ai vécu moi-même, il y a si longtemps. Je peux presque m'imaginer à sa place. Sa vie s'est ébauchée, infiniment petite, dans les abysses de mon corps féminin. Dans mon giron humide et chaud, son corps a pris forme, il s'est ramifié, déployé et il a commencé à sentir la caresse mouvante du liquide où il baigne, d'abord sur son visage, aux extrémités de son corps, puis un peu partout jusqu'à se percevoir enveloppé de sensations de part en part. Il a côtoyé la paroi molle et douce de mon utérus, qui offre une résistance, un contour.

Dans ce monde qui bouge et vibre, il s'est peu à peu animé, agité, découvrant sa propre mobilité, des possibilités et des limites dans un espace souple et clos. Il a dû s'habituer à certaines sensations constantes ou régulières, il a pu percevoir des séquences, des rythmes, et peut-être sentir une forme de présence, confuse, lointaine, attrayante. Au fil des jours, les contacts, les répercussions et les résonances se sont affinés, confirmés et nos échanges se sont élaborés.

Cette « symbiose » est une forme étonnante de relation entre nous deux, pourtant si différents : relation intégrale et continuelle, tissée de sensations multiples, de caresses, de bribes de langage. Nous sommes l'un pour l'autre une présence invisible et constante, sans distance. Il n'est pas besoin de se chercher pour se trouver : l'autre est le toujours-là, le tout-contre, l'inséparable. Je suis pour lui un monde vivant et singulier, dans lequel il est englobé.

Le tout-petit humain fait d'abord l'expérience d'être blotti, lové au creux d'un autre dont il reçoit tout.

Dans les derniers mois enfin, les interactions deviennent intenses et variées, marquées par la prédominance du toucher et de ma voix. Ce contact permanent assure aussi la médiation avec l'extérieur et avec nos proches, c'est une précoce initiation au monde. Tout ce que vit mon enfant s'ancre profondément dans sa mémoire sensitive et modèlera un peu sa personnalité, et les liens à venir. Il apprend l'humanité à l'école de ma chair.

Voilà à quoi ressemble cette relation primitive, fondamentale. Elle est la plus commune, la seule incontournable. Elle reste pour chacun unique et inaccessible au souvenir – sauf peut-être par le biais de thérapies qui mobilisent l'inconscient ou la mémoire corporelle. Elle nous dit quelque chose d'universel non seulement sur ce qui se joue avec nos mères, mais plus profondément sur la manière dont cette relation originelle nous façonne et nous prédispose à rencontrer les autres.

Ainsi, nous avons fait l'expérience d'une relation tout à fait originale, où l'autre est une part de nous, nous prolonge et nous enveloppe de sa présence. Il n'est pas sûr qu'elle soit vécue seulement comme fusion ou confusion, ni qu'elle nous impose la nostalgie de cette vie utérine confinée et sereine. Au contraire, cette expérience ne nous aurait-elle pas enseigné le « sens de l'autre » et éveillé en nous la curiosité de l'échange, en attisant notre intérêt pour la nouveauté et la richesse des interactions possibles ?

La communauté de cet apprentissage originel me fascine. En elle se confirme et s'abolit la différence sexuelle : seules les femmes portent des enfants, mais tout enfant a vécu dans une femme. Chacun de nous a commencé à se mouvoir et à s'émouvoir *dans* et *par* un corps féminin. Fille ou garçon, nous avons été formés dans notre mère dont la sensibilité était d'ailleurs exacerbée par les modifications hormonales de la maternité elle-même. Nous avons vibré au diapason de son cœur, avons été imprégnés de son ressenti, peut-être même de ses pensées et de ses préoccupations. Comment douter que cela nous dispose à interagir avec d'autres, à « compatir », à nous laisser, au sens propre, toucher et rejoindre par les émotions et le vécu d'autrui ?

Ne sommes-nous pas ainsi liés les uns aux autres par le fait que nous sommes issus, non seulement de la rencontre de deux gamètes, mais du lent et patient tissage de notre vie dans le corps d'un autre ? Chacun de nous tire son existence, son corps et son souffle de celle qui l'a porté, éveillé à la vie, puis mis au monde. « *Dar a luz* », comme le dit l'espagnol : offert à la lumière.

L'expectative

Huit mois maintenant. Tu peux venir, tu donnes des signes de vouloir venir, certains jours tu tapes de toutes tes forces sur les murs de ta grotte comme si tu en cherchais l'issue, et moi, ton Lascaux, je chancelle, je puis à peine te contenir, c'est bientôt que je me mettrai à trembler pour que tu puisses trouver une fissure et me rejoindre en plein jour.

Nancy Huston,
Journal de la création, p. 325-326.

La fin est longue, pesante, harassante. Je suis tout encombrée. Le moindre mouvement devient une aventure et je suis essoufflée à chaque effort. Je ne supporte plus la foule, les endroits surchauffés, je m'y sens compressée, j'étouffe. Je ne peux pas faire de longs voyages et pour les plus courts trajets, je dois toujours prévoir des pauses, si possible avec des toilettes à proximité. Ma vessie est si comprimée que j'ai une autonomie d'une heure environ, disons deux la nuit.

Je peux difficilement me lever seule, je dois rouler sur le côté pour m'extirper du lit, réclamer de l'aide pour m'extraire d'un fauteuil. Je n'ose pas grimper sur un tabouret, de peur de perdre l'équilibre. Monter les escaliers m'exténue. Je heurte le chambranle des portes, les parois de la douche et je dois ruser pour évoluer dans les passages étroits. Pour tenter de faire la vaisselle, il me faut tendre les bras, et je ne peux plus atteindre les volets pour les fermer. Je suis toute déséquilibrée dans mon corps difforme. Partout mon ventre me précède.

La nuit je peine à trouver le sommeil. Pour changer de position, je fais des contorsions insensées : allongée sur le côté droit, je sens une gêne, j'attrape alors mon ventre énorme à deux mains et je m'apprête à le soulever pour le basculer vers le côté gauche, je passe sur le dos et me sens écrasée, anéantie sous ce poids qui m'empêche de respirer, je roule vers la gauche et amortis du bras la chute de ce gros ballon qui pèse une tonne. Je me cale la jambe avec des coussins, ou l'appuie sur les hanches de mon mari pour soulager un peu ce corps qui tire de partout.

Que sont devenus mes abdominaux ? Étirés, fondus ? Mes muscles lombaires et dorsaux sont-ils effilochés comme de vieilles bretelles, peuvent-ils encore tenir cette masse distendue qui m'attire vers le bas et me force à me cambrer pour faire contrepoids ? Vais-je retrouver ensuite mon corps d'avant, mon corps à moi ?

Souvent, quand un enfant me demande en fin de grossesse si c'est lourd, je réponds : « Oui ! Imagine qu'on t'accroche une énorme ceinture sur les reins, avec devant toi un poids de 6 ou 7 kilos, l'équivalent par exemple d'un pack de six bouteilles de lait, que tu dois traîner partout avec toi, sans les mains, toute la journée et même la nuit. » C'est lourd, mais lourd aussi de promesses, comme la nuée d'orage des soirs de canicule, qui nous promet la pluie rafraîchissante et salutaire, si longtemps attendue.

Les contractions sont maintenant fréquentes et je me trouve soudainement avec un bloc de ciment dur au milieu du corps. Ce n'est pas douloureux, mais dérangeant, surprenant. Ça part du bas du ventre et ça remonte, tout se durcit et se resserre, puis la vague décroît. Mon corps se tend et se détend tout seul. Le travail, le long travail de la naissance a commencé, sans moi, en moi. Je m'y prépare et m'impatiente.

Tout cet embarras de fin de grossesse m'aide à désirer la naissance. Je n'ai plus peur de la séparation, j'ai hâte qu'il sorte, je n'en peux plus de le porter. J'aimerais que tout se termine, que l'accouchement tant redouté soit enfin passé, que je retrouve ma mobilité et mon corps ; qu'il naisse, qu'il vive sa vie, ce bébé, et me rende à moi-même ! Je veux aussi le voir, le prendre dans mes bras et lui sourire enfin, le regarder et qu'il me regarde. Je l'encourage, je le supplie, je le presse un peu : « Sors, bébé, descends maintenant, tu es prêt, tout est prêt. Le monde t'attend, rejoins-nous, tu verras des merveilles, je t'en prie, montre-toi. » J'ai hâte de le rencontrer, hâte que ce soit fini… hâte que tout commence enfin.

Naissances

Accoucher c'est vivre aussi intensément qu'il est possible de vivre. C'est le somptueux paroxysme de la fête.

Annie Leclerc,
Parole de femme, p. 56-57.

À chaque naissance quelque chose d'uniquement neuf arrive au monde. Par rapport à ce quelqu'un qui est unique, on peut vraiment dire qu'il n'y avait personne auparavant.

Hannah Arendt,
La Condition de l'homme moderne, p. 234.

Le grand Passage

C'est le temps de la naissance, la fin de l'attente. C'est aussi le moment du plus grand péril. Parmi les rituels qui, à travers le monde, accompagnent le début de l'accouchement, Lise Bartoli[1] remarque deux tendances significatives. D'un côté on multiplie les rites de protection pour ce moment si décisif en fermant les portes, les fenêtres, à la fois pour échapper à l'influence des mauvais esprits et pour préserver l'intimité de l'événement considéré souvent comme sacré. La pièce ainsi calfeutrée préserve aussi la chaleur nécessaire au confort de la mère et de l'enfant, et l'on entretient à proximité le feu qui purifie et aseptise. De l'autre on favorise la venue de l'enfant par des gestes d'ouverture et d'accueil : il faut enlever ses bijoux, détacher ses cheveux, desserrer les vêtements, dénouer les ceintures. Ces gestes concernent non seulement la femme qui accouche, mais aussi celles qui l'assistent. Et, dans certaines contrées, si le père est présent, on lui demandera même de dénouer ses lacets et de déboutonner le col de sa chemise.

J'ai déjà évoqué les craintes de l'accouchement. La naissance d'un enfant s'apparente à une grande épreuve, dont le couple mère-enfant, s'il sort triomphant, ne sort jamais indemne. Chacun de nous sera marqué à sa façon par la souffrance ou l'inquiétude, par l'arrachement au connu, par ce périlleux passage d'un monde à l'autre. Mais c'est ensemble que nous traversons, ensemble qu'il faut survivre, ensemble que nous pourrons savourer avec soulagement ce nouveau chemin qui commence.

---

1. Lise Bartoli, *Venir au monde. Les rites de l'enfantement sur les cinq continents.*

Accoucher, naître, c'est une odyssée qui réclame assistance. Une présence énergique et experte. Il serait risqué et terriblement angoissant d'accoucher seule. Partout les femmes entourent les femmes qui accouchent.

En travail, je suis tout à la fois actrice, spectatrice et théâtre de l'événement. J'accepte la douleur pour lui. Je lui parle, je l'encourage, je ressens le moindre de ses mouvements, je l'accompagne de toutes les forces qui me restent. Mon souffle, mes muscles, mes sensations : tout mon être est sollicité dans cet exploit de la naissance, rythmé par l'alternance de tension puis de décontraction extrêmes. Et lui, dans cette traversée de mon corps, inaugure un passage. Il ouvre en moi une voie nouvelle – tel un alpiniste ou un spéléologue, à la fois novice et pionnier. Il est acteur de sa propre descente, mais les contractions le guident et l'emportent, en d'efficaces et langoureux à-coups, hors de son cocon. Le voilà poussé, expulsé, appelé fermement mais souplement vers le monde extérieur, vers le monde des hommes, vers nous.

De façon implicite ou explicite, les gestes qui entourent la naissance évoquent la victoire de la vie sur la mort, victoire attendue mais toujours incertaine. Les paroles des soignants sont un encouragement à la persévérance, à la vaillance ; encouragement adressé à la mère, mais aussi à l'enfant. La naissance n'est pas un simple commencement, une tranquille apparition ; c'est une lutte, la traversée d'un gouffre, l'affirmation d'une vie arrachée au précipice. L'émotion perceptible en salle de naissance traduit bien l'intensité du drame qui se joue.

Ici, même lorsque du début à la fin tout se passe bien, tout le monde sait que deux vies sont en jeu, et mises en jeu ensemble, embarquées dans la même aventure.

Qu'il est puissant et inoubliable, le premier cri, parfois ténu, du nouveau-né qui prend son souffle, annonçant la victoire de la vie.

Pour dire l'intensité des naissances, les mots sont maladroits, déficients. Et si le phénomène est universel, il a aussi quelque chose d'absolument unique, pour chaque femme et pour chaque naissance. Les circonstances et les péripéties, le lieu et les personnes en présence, l'heure et le climat, le rôle des soignants, les paroles entendues ou prononcées, tout a son importance, et tout restera gravé dans la mémoire si vive de la mère. Ils sont d'ailleurs assez inaudibles, les récits des jeunes accouchées qui, revenues de leur expérience initiatique (et parfois traumatique), s'efforcent de rassurer les femmes enceintes. On touche l'indicible, l'incommunicable… quelque chose aussi de l'ordre du miracle et du sacré. Il nous faut ici le secours de la littérature et de la poésie pour tenter d'approcher ce sommet de l'expérience humaine.

Révélation

Ton corps chaud me traverse et m'élargit
comme un feu humide et glissant.
Dans l'étroit corridor tu te fraies un passage,
nouveau Moïse, maître des eaux.
Les parois s'écartent, puis les flots se déversent.
C'est la mer Rouge de la Pâque :
je crie à rendre l'âme, je meurs,
et mon corps transpercé donne plus que le possible
jusqu'à la délivrance.

Nos corps se délacent
et ton cri inouï me ressuscite : la vie est la plus forte.
La Vie est là, plus forte.

La souffrance s'efface
comme la mer à son heure se retire,
par vagues,
laissant sur le sable humide de mes joues
la trace d'une joie aiguë et souveraine.

Je ne suis pas la seule à vivre ce matin nouveau.
L'émotion perle, discrète ou prononcée,
sur les visages de ceux qui assistent à ton débarquement.
Ton père, qui ne pleure jamais, le regard embué,
chuchote, t'admire, m'embrasse, me remercie.
Tu es vivant.

Le roman des naissances

J'avais peur de souffrir, j'ai fait le choix de la péridurale. En même temps j'avais peur de rater quelque chose, de ne plus rien sentir. Je suis rassurée : même avec la péridurale, j'ai bien assez souffert... Quand j'avais perdu les eaux, les contractions ont été tellement violentes que je ne pouvais qu'attendre un soulagement, une aide pour les supporter, un peu de calme pour pouvoir tenir jusqu'au bout.

La vie et la mort sont toutes proches, indissociables. La naissance est un peu comme un deuil, la fin de quelque chose, la fin de la vie utérine, l'entrée dans notre monde. Ce passage d'un monde à l'autre m'évoque aussi ma propre mort comme la perspective d'une autre naissance, d'une autre forme de vie.

Le bébé que je découvre, et qu'on pose sur mon ventre, j'ai l'impression de l'avoir toujours connu.

Puis je ressens le grand vide de mon ventre vide. J'ai besoin de prendre souvent le bébé sur mon ventre, de le remettre là, au chaud, peau à peau, de retrouver son poids, son corps contre le mien.

Même plus tard, plus grands, j'aime les retrouver là, les serrer dans mes bras, tout contre mon corps (Elsa).

> « Tu peux crier », te dit ton mari qui serre ta main de sa bonne main large et douce. Tu rigoles. On te dit de pousser. Tu pousses. On t'encourage. On te soutient. C'est le dernier tour de stade d'une marathonienne qui va devoir exécuter un triple saut à l'arrivée, suivi d'un lancer de poids. Pas de problème. Tu as une force

immense, démente. [...] Tu vois très bien comment Hercule a fait pour ses douze travaux. Tu pousses. Dans l'oreille droite, tu entends ouais, dans l'oreille gauche tu entends super ! Une stéréo du tonnerre. Jamais tu n'as rencontré pareil succès. Même les deux boulangers qui viennent d'entrer (tu adores leurs tenues à l'ancienne, petit calot blanc, tablier et cuissardes en caoutchouc) y mettent du leur. « On y est ! On y est presque ! Arrêtez de pousser ! » Arrêter ? Tu viens à peine de commencer. Pourtant, ils sont tous là à te le répéter. « Il faut arrêter de pousser. » Tu les entends. Tu les crois. Tu arrêtes. Le flot, la langueur, la douceur, le chaud. « C'est un garçon », entends-tu. Qui ? Quoi ? Où ? Là. Là.

Sur ton ventre, une grenouille bleue s'est posée.

Tu lèves la tête.

Et tu n'en reviens pas.

Sur ton ventre, il y a un type formidable.

Agnès Desarthe,
« Les mois, les heures et les minutes »,
dans *Naissances*, p. 70-71.

Ma fille est née à 4 heures et demie de l'après-midi, au milieu du mois de février. Je me souviens de la douceur, j'ai vite effacé la douleur. [...] J'ai poussé tant que j'ai pu, je n'en pouvais plus d'attendre. J'avais hâte de la rencontrer après toutes ces semaines de conversation muette. Allongée sur mon lit par ordre du médecin, je l'imaginais brune et mate, la peau veloutée comme un brugnon. Il y a eu ce visage rose et étonné, ces cheveux d'un blond presque blanc, puis ces fossettes et ces prunelles bleues qui scrutaient le monde. Elle ne ressemblait pas à mes

> rêves ; je la connaissais depuis toujours. [...] Nous sommes restés tous les trois, elle, son père et moi. Seuls au monde. Le bonheur avait la forme de son visage aux traits parfaits, de ses minuscules oreilles, de ses doigts de poupée aux ongles délicatement formés. Nous n'osions pas parler. Nous écoutions son souffle. Elle respirait.
>
> Michèle Fitoussi, « Le cordon », dans *Naissances*, p. 164.

Regards

Vient le temps de couper le cordon : nous séparer pour de bon. Il est dur à couper, ce câble organique et vital, il résiste au ciseau. Pour moi aussi, c'est difficile, j'ai peur qu'on me prenne mon tout-petit. Il nous faudra un peu de temps et beaucoup de tendresse pour bien vivre ce dénouement. Quand c'est possible, c'est au tour du père de donner la vie : en nous libérant l'un de l'autre, il nous rend à nous-mêmes. Il lui revient de mettre ainsi l'enfant au monde. Chacun son corps, chacun son avenir. Voilà, c'est fait. Ce n'est plus seulement mon bébé, c'est maintenant notre enfant, et désormais, c'est par l'amour que nous sommes encordés.

Enfin le premier face-à-face. Singulière expérience. D'un seul mouvement nous nous trouvons irrémédiablement séparés, et mis de nouveau en présence. Pendant une trentaine de minutes, l'enfant n'est pas fatigué mais parfaitement éveillé, et tout étonné de ce qu'il est en train de vivre. La relation se métamorphose dans la séparation qui permet la rencontre.

L'intensité du premier regard est déconcertante. Car la première chose que cherche ce bébé, ce n'est pas le sein nourricier, c'est un visage. Du regard il me cherche et nous plongeons ensemble dans une contemplation sans parole. Littéralement, ce bébé s'absorbe dans mon regard. C'est un regard d'extrême attention, de fascination, de reconnaissance mutuelle, qui est véritablement partagé à ce moment-là et qui semble donner à l'enfant la raison même de son existence, dans une infinie gratuité. S'il est présent, le père prend part à ces premiers émois, et sauf urgence, les soignants peuvent laisser se prolonger l'émouvante rencontre qui fonde la famille.

> La peur première de perdre « son » monde antérieur, la peur originelle qui a conduit le bébé à pousser son cri de naissance est maintenant enveloppée d'une paix immobile dans ce regard fixe, profond, intense, pénétrant, sidérant, foudroyant. Pendant les 20 à 30 premières minutes, l'enfant reste calme et regarde... Un regard qui vient des profondeurs de l'être, un regard qui transperce et qui transcende. Dans ce « protoregard », tout est déroutant, troublant, dérangeant. Si on se concentre dessus, pour éliminer le superflu, il reste le silence et le mystère : magie muette de ce regard qui joue sur notre émotivité.
>
> Marc Pilliot, « Le regard du naissant ».

L'épreuve de la naissance, traversée commune et risquée des rives de la mort, conduit à l'émotion la plus intense : ensemble soulagés, nous fêtons la vie, nous savourons notre conquête, surpris de nous découvrir autrement, l'un tout contre l'autre, et poursuivons nos échanges par des caresses renouvelées, d'abord timides, peau contre peau, souffles mêlés.

Ce bébé, c'est le mien, je le retrouve. En même temps, je le découvre, indéfini, étranger. Je déguste enfin son visage, trait à trait. Nous avons tout à apprendre l'un de l'autre. Pour un premier enfant, je me sens malhabile, incertaine. Il est là, lové sur ma poitrine, il se réchauffe dans mon odeur, il s'apaise au rythme des battements bien connus de mon cœur… et bientôt il commence à farfouiller du bout des lèvres, il se met à chercher, instinctivement et fébrilement, par des petits mouvements de tête saccadés, quelque chose à téter.

> On a couché le bébé près de moi. Non seulement je ne le reconnaissais pas pour mien, mais rien jamais ne m'avait paru si étranger que ce petit d'homme. Et je dis « il », non pas comme un « il » masculin, puisque c'était une fille, on m'en avait avertie, mais comme un « il » neutre, il, le bébé, si loin de l'humain que le sexe ne saurait être repéré. Il me semblait venir de l'autre bout du monde, de l'autre bout des temps. Quelle nuit immense lui avait-il fallu traverser pour échouer si minuscule et vulnérable auprès de moi ? […]
>
> Je lui disais, d'où viens-tu, où es-tu ? Rien jamais ne m'avait paru venir d'aussi loin et se tenir aussi loin… […]

Ce qui peu à peu nous rapprocha ne fut le fruit ni de mes devoirs, ni de mon affection envers lui, mais seulement l'harmonieuse rencontre de son appétit et de mon bonheur.

D'un quelque part en moi, mal localisable, mais profond, très intérieur, je sentais monter le lait jusqu'au bord des seins en afflux tièdes qui me déchiraient d'une longue et douce morsure. Il me fallait, je voulais, je quémandais ce que semblait demander cette bouche minuscule, mais forte, vorace. Je prenais le bébé dans mes mains amoureuses, je le guidais vers mon sein gonflé, et ses lèvres, sa langue suçaient, tiraient, inventaient de moi un plaisir émerveillé.

Annie Leclerc, *Parole de femme*, p. 107-108.

Avec l'allaitement, nous allons découvrir ensemble un autre privilège, un plaisir inédit ; je serai de nouveau, autrement, sa nourriture, sa réserve personnelle, son garde-manger, son tout, pour quelques semaines ou quelques mois, le temps de grandir ensemble et d'apprendre à s'éloigner l'un de l'autre. Mon corps reste pour lui l'univers familier, le parfum d'autrefois, son premier monde. Contre mon cœur, ou fiché à mon sein comme une ventouse, il s'apaise, il se retrouve, il se souvient. J'ai besoin de prolonger ce lien unique et vital. J'ai besoin d'être à lui, et lui à moi.

Abandonnée

Repu, il s'endort ; pas moi. Harassée, soulagée, courbatue de partout, sereine et dévastée, meurtrie et comblée, je le regarde encore. Il dort et il sursaute : il a perdu son milieu et son contour, et par moments ses bras s'écartent et tout son corps tressaute de n'avoir plus de parois pour le retenir. Il rêve et fait d'adorables mimiques.

Il était dedans, il est dehors. Je ne me lasse pas de contempler ce mystère. Quelque chose est achevé, il ne reviendra plus jamais dans l'abri soyeux de mon corps. Il est là, l'enfant que j'attendais. C'est un don immense, mais c'est aussi une perte : il m'échappe déjà, il m'échappe encore, là, tout contre moi. Accoucher, c'est libérer, laisser être et laisser partir. Pour les mères, enfanter, c'est accepter de ne pas retenir ce qui nous est le plus cher, s'abandonner, se laisser abandonner, pour se rencontrer et surtout pour faire vivre. Je m'encourage toute seule : « Allez, laisse-toi faire, laisse-*le* faire, abandonne, donne… » Moi aussi, je me suis perdue dans cette aventure. Je le regarde et je n'en reviens pas. Je ne peux plus me retrouver, je ne suis plus celle que j'étais. Je suis *sa maman*.

> La nuit, la mère du lapin est allongée dans le noir, les yeux fermés. Elle détend au maximum ses bras et ses jambes, elle respire le plus régulièrement possible […]. Mais elle ne dort pas. Elle découvre avec stupéfaction ce qu'est l'insomnie. […] L'insomnie, la vraie, elle était incapable de l'imaginer avant de l'expérimenter

elle-même. La mère du lapin se souvient de Denise, sa mère à elle. Denise affirmait souvent au petit-déjeuner n'avoir pas fermé l'œil de la nuit. Denise est morte avant d'avoir connu le lapin, et n'a jamais autant manqué à sa fille qu'en ce moment. [...]

Oh non ! s'écrie la mère du lapin. Car tout à coup, elle entrevoit la somme de toutes les nuits qu'elle va elle-même passer à s'inquiéter pour son fils.

Héléna Villovitch, « Mon lapin », dans *Naissances*, p. 43-46.

Je commence à comprendre que ma dépendance et ma vulnérabilité ne me quitteront plus. Je suis blessée de cette relation qui m'est essentielle, blessée d'un amour abyssal, sans issue. Hors de moi, l'enfant n'est à l'abri de rien. Mais, ignorant des dangers, curieux de tout, confiant dans ma simple présence, il est, lui, sans souci. Je prends sur moi toutes les inquiétudes folles et démesurées des mères. C'est une condition à laquelle on ne peut échapper, le prix de mon bonheur, mon martyre de silence et d'abnégation, incontournable.

Cette inquiétude sourde, qui nous prend aux entrailles, on apprend à s'y faire. Elle devient familière, on l'apprivoise, mais je n'ai pas trouvé moyen de m'en débarrasser.

Cette naissance avait perforé ma vie. Je pouvais la prendre dans tous les sens, à présent, ma vie avait un trou. C'était le trou de l'inquiétude. Un gouffre au bord duquel me précipitaient la seule pensée de cet enfant et

> l'amour sans nom qui me liait à lui. Ce trou était le revers de la grâce. Il creusait aussi profond que la hauteur où ma joie culminait. L'une et l'autre, joie et inquiétude, étaient comme la grâce : incommensurables. [...]
>
> Je savais que ce n'était pas négociable, pas réversible, insoluble. Dorénavant, ma vie longerait ce gouffre, il n'y avait rien à faire.
>
> Marion Muller-Colard, *L'Intranquillité*, p. 60.

Je me rassure malgré tout de voir que je ne suis pas seule, je suis entrée dans la grande communauté des mères, de toutes celles qui vivent désormais à cœur ouvert, à cœur vaillant et vacillant. Je vibre et tremble au diapason de mon petit, je vois mon bonheur croître et m'échapper dans sa vie qui s'éveille et s'affirme. Il devra, inévitablement, apprendre à déployer ses ailes et explorer sa liberté, pour entreprendre la grande aventure d'inventer son propre chemin. Il fera mes délices, et mon désarroi.

Naître et mourir

Naître et mourir, c'est tout un. Une âme, un souffle. Le temps compté dans une respiration. Venir au monde, quitter le monde. Inspirer, expirer. Entrer, sortir. Initier, accomplir. Naître et mourir, c'est vivre.

Mais pour naître, il a fallu d'abord partager la vie et le corps d'une autre, sa nourriture et ses émotions, son rythme et ses préoccupations. Naître, ce n'est pas seulement entrer dans le monde, c'est aussi sortir de quelqu'un. Ce n'est pas seulement venir, c'est quitter un premier monde. S'extirper de l'échafaudage de chair et proclamer dans un cri le premier achèvement de la merveille humaine que l'on est soi-même. Première étape d'une longue série de naissances et de deuils à soi-même. Premier grade irrévocable, qui préfigure d'autres métamorphoses, autrement patientes et discrètes. Et ces métamorphoses, souvent, pour être portées à leur terme, nécessiteront, comme la venue au monde, la présence rassurante et l'encouragement des proches : l'écoute qui accueille et conforte, la main qui caresse et soutient, le regard qui élève et estime.

Que serions-nous les uns sans les autres ? Que resterait-il de nos vies intimes et personnelles, amputées de l'influence intime et personnelle de tous ceux qui nous ont formés ?

« On meurt comme on est né, tout seul, les autres n'y peuvent rien[1]. » Cette phrase du philosophe Gaston Berger m'a longtemps interloquée. Certes, ma mort, comme ma naissance – comme toute ma vie – sera absolument mienne. De cette vie singulière je porte la charge et la contingence, car je n'ai pas choisi d'exister. Je ne peux la quitter pour en prendre une autre, elle n'appartient qu'à moi, je suis seule à la vivre, même si elle est tissée de rencontres et d'amitiés. Mais, en tant qu'événement, s'il en est un qu'on ne peut vivre dans la solitude, c'est

1. Gaston Berger, *La Présence d'autrui.*

bien la naissance ! On ne peut naître seul, comme on ne peut se donner à soi-même la vie. On naît nécessairement accompagné, porté et recueilli… C'est de notre vie l'événement fondateur et qui cependant nous échappe le plus : nous naissons et nous n'en savons rien. Pour intégrer dans notre histoire notre naissance (ainsi que la préhistoire qui la précède et la petite enfance qui la suit), il nous faudra le témoignage et les récits de nos parents et de nos proches. Notre naissance, c'est une légende que l'on reçoit avec un nom, une famille, une culture… Et notre vie s'arrime à bien d'autres faits involontaires et inconscients, et pourtant décisifs et absolument nôtres, dont les autres parfois sont plus conscients que nous.

Voilà ce que j'ai consenti à vivre pour mon enfant : un accouchement pour une naissance, deux expériences en un seul événement. Mon enfant est né de moi, à travers moi, avec moi. Ce qu'il a vécu, c'est une aventure charnelle partagée, vibrante et animée de nos corps engagés l'un dans l'autre et qui sont parvenus à se dégager l'un de l'autre, par des efforts conjoints et cumulés. C'est bien *ensemble*, quoique chacun de son côté, que nous avons vécu ce passage d'un monde à l'autre, cette transition d'un état à un autre. En moi se grave le souvenir de son arrivée fracassante. Et pour lui je serai la mémoire du début de ses jours sur terre, de ses premiers émois au milieu des humains.

Peut-être à la fin de cette vie devrons-nous à nouveau nous séparer dans une autre naissance, nous arracher les uns aux autres pour mieux nous rencontrer. La traversée du gouffre de la mort nous reliera-t-elle autrement, au-delà ?

Dans cette épreuve unique et personnelle, il est possible que nous soyons entourés par nos proches. Ils nous tiendront la main, nous offriront présence et attention, mots et silences d'amour. Peut-être au contraire rendrons-nous notre dernier souffle dans une agonie solitaire, agitée d'angoisse, ou dans un sommeil profond privé de conscience…

Qui sait si nous ne serons pas aussi encouragés, appelés, attirés – comme en salle de naissance – par ceux qui nous ont précédés et nous attendent, de l'autre côté ? Puissions-nous mourir alors comme nous sommes nés : accompagnés.

Épilogue

Il faut savoir être tout entier dans une feuille, et la voir qui s'envole.

Jules Supervielle, *L'Arbre.*

Il aura fallu plus de vingt ans pour aider mes enfants à se construire, en leur prodiguant sans compter la tendresse et le miel. Combien d'années pour s'en détacher ? Les accoucheurs ne disent pas ces choses [...].

Je voudrais les garder blottis sous mon aile pour les protéger de tout. [...] Les garder au chaud dans le liquide amniotique. Qui dira la folie des mères ? Mais non, ce n'est pas mon souhait. Je les ai voulus, je les veux toujours, libres et heureux, parés pour la grande aventure. Expulsés joyeusement du cocon. Je vous en prie, sortez, sortez.

Michèle Fitoussi, « Le cordon »,
dans *Naissances*, p. 161-162.

Renaissance

Une vie toute neuve commence. Même pour moi. Je repars à zéro. En neuf mois, j'ai tout désappris.

Autrefois j'étais libre, indépendante. Je vivais ma vie, c'était déjà beaucoup : j'avais des rêves, des ambitions, des relations, des engagements, des occupations personnelles… Liberté, liberté chérie… Aujourd'hui il y a cet enfant que je chéris plus que ma liberté, et dont la liberté naissante, déconcertante, loin de m'aliéner, me libère. Mon avenir s'est replié sur ce petit être qui a besoin de tout. Mais pour lui, par lui, l'avenir est ouvert, tout grand.

Il n'y a pas de retour à la normale, mais la découverte d'une autre vie, polarisée sur le nouveau-né. C'est une vie sans quiétude, sans repos, faite d'attention, d'émerveillement, d'inventivité permanente, de réjouissances et de fatigues.

Après la naissance, je retrouve souplesse et mobilité, mais rien n'est plus pareil. Quelque chose s'est perdu. Cette relation toute neuve brise à jamais le fantasme de l'autosuffisance. Vulnérables, nous le sommes tous deux. Je vis désormais non seulement en moi-même mais aussi à travers la vie de mon enfant. Tout ce qui atteint mon petit me renverse, souffrances et épreuves, joies et découvertes. Je peux bien tenter de dissimuler mes émotions, pour l'aider à grandir, je vis dans mon cœur et mes entrailles, comme en écho, tout ce qu'il devient. Je suis lacérée de l'intérieur par cet amour irréductible qui m'a faite mère, dont je ne peux me défaire, et qui ne cesse de grandir encore en moi. Je suis mère pour toujours, non par décision, mais par le cri silencieux de tout mon être.

Au creux de mes bras, même après des années, mon enfant retrouvera spontanément la source dont il est issu, la chaleur d'autrefois, l'odeur familière, sa terre natale. Sur mon corps, il lira les traces de son passage : « J'étais là, avant, dans ton ventre… » Et sur le sien, la marque indélébile de cette relation unique avec celle qui fut un temps son tout, son univers, et qui lui a transmis la vie.

Ce que nous venons de vivre ensemble est tellement banal. Tellement sensationnel. Je prends conscience du fait que tous, hommes et femmes, de toujours et de partout, quelles que soient nos cultures, nos trajectoires, nous avons fait la même traversée en terre humaine. Chacun est entré dans la vie par une communion intime exceptionnelle, douce et charnelle. Pendant plusieurs mois, nous avons vécu ensemble, à deux dans un seul corps, l'un contre l'autre, l'un dans l'autre. Ce que je viens de vivre, aucun homme ne le connaîtra jamais ; mais ce vivre-ensemble, ce « vivre dans un autre », chacun de nous l'a vécu. Intensément.

Et oublié.

Le temps du père

Nous y sommes. Le retour à la maison, c'est le temps des retrouvailles. Je savoure la joie de voir naître une famille. Je m'attendris de voir l'amant devenir père… Je le regarde sous un jour nouveau.

C'est presque l'égalité entre nous : ça y est, toi aussi tu peux le porter, le cajoler, arpenter le salon avec le crapaud bien calé sur l'épaule, fier comme un pape en attendant le renvoi salutaire qui va baptiser ta chemise de lait caillé… Tu assures la relève, c'est ton tour. C'est le temps de tenir tes promesses. D'épouser les fatigues et les nuits hachées menu par les cris d'un poupon vorace.

Moi j'ai le corps endolori, avec un grand vide au milieu. Les seins qui coulent tout seuls, le cœur au bord des larmes, tout chose, tout chaviré. J'ai changé de planète, de rythme, et de centre de gravité. Heureusement, la cavalerie est arrivée, à grand renfort de « tagada tsouin tsouin », de « hue cocotte » et de berceuses improvisées. À nous deux, on va bien finir par l'apprivoiser, ce poids plume de 3,5 kilos qui tient dans tes paumes, non ?

Je pense aux femmes qui vont continuer leur Vendée Globe en solitaire, sans escale et sans père, avec à bord un petit clandestin qui complique la moindre manœuvre et les contraint, régulièrement, à virer de bord ou à réduire la voilure. Comment font-elles ? J'admire. J'espère que d'autres leur viendront en renfort. Je sais aussi qu'elles puiseront dans l'amour maternel un courage de lionne pour affronter les sommets et les creux des vagues, avec ce tout-petit blotti contre leurs pattes.

De quoi tu as l'air maintenant, une couche sale dans une main, le flacon de talc dans l'autre ? Ton mètre quatre-vingts s'incline devant une grenouillère qui gigote et qui bave sur la table à langer. Tu traques le premier sourire comme je guettais la première secousse intérieure. Tu attrapes les tout petits doigts, tu les frottes sur ta barbe, le bambin écarquille les yeux. « Coucou bébé, tu vois, c'est bizarre, ça pique, je suis ton tapis d'éveil ! » Tu vas le faire tien, à force de papouilles. Ta voix grave se fait douce et s'harmonise avec ses premiers gazouillis.

Tu le prends tout contre toi pour regarder les JO à la télé et tu lui fais les commentaires, passionné. Il ne comprend pas tes bonds intempestifs, il ne voit pas l'écran, il regarde avec intérêt ton visage qui s'illumine devant les exploits des athlètes. L'éducation au sport, ça commence au berceau ! Plus tard ce sera le vélo sans roulette, le roller sans casque, les parcours sportifs à gogo, la piscine dans le grand bain… Je fermerai les yeux pour ne pas voir les risques inconsidérés que la vie réclame à ceux qui veulent grandir…

Vient toujours le moment fatidique où l'harmonie toute neuve se détraque. D'abord une sorte de grimace, à peine perceptible. Puis un gémissement. « Qu'est-ce qu'il a ? » Tu me regardes comme si j'avais la notice de l'engin. « Je n'en sais rien, moi, je ne suis que la maman et je suis fatiguée ; il me pompe, cet enfant. » Tu l'allonges à califourchon sur ton bras, pour lui masser le ventre. Ça lui plaît cinq bonnes minutes… Puis les sanglots reprennent. « Tu es sûre qu'il n'a pas faim ? – Ah non, il a bu il y a à peine trois quarts d'heure. » Tu persévères : « Bon, d'accord, je le promène… *Une chanson douce que me chantait ma maman…* » Les cris montent en puissance. Je cherche une planque à l'autre bout de l'appartement. Et des boules Quies.

Ça se termine toujours pareil… Tu appelles à la rescousse le grand cerf de la forêt et son ami le lapin, les gros crocodiles et les orangs-outangs, puis tous les animaux de l'arche de Noé, et même le petit homme, pirouette cacahouète, avant de déclarer forfait.

Sur mon sein, tout contre mon cœur, il s'apaise. Instantanément. Tu t'excuses un peu : « C'est magique, les mamans… » Nous sommes presque à égalité. Presque.

Dans ces moments-là, tu te sens impuissant, et je me crois indispensable. Entre nous, un moustique vient semer la zizanie, avec ses besoins parfois indéchiffrables. Nos violons sont désaccordés. Il nous faudra du temps pour ajuster, à trois, l'équilibre de nos amours.

La vie multipliée

Malgré l'inquiétude qui ne me quitte plus, une forme de confiance neuve apparaît, avec tous les petits risques assumés, avec la vie qui suit son cours et nous sauve de tant de dangers, avec le soutien du père qui n'a pas les mêmes tremblements des entrailles, qui pense avec sa tête, gère et encadre. Alors on ose retenter l'aventure, agrandir la famille, replonger dans le mystère fascinant de la génération d'un être humain.

Ce que j'ai perdu en sérénité, en tranquillité, en liberté, je l'ai gagné en intensité. Ma vie s'est démultipliée. Mère de cinq enfants, j'ai l'impression de vivre au quotidien pour six. Je ne peux pas dire sept, car foncièrement, mon mari n'entre pas dans le compte : s'il est ma « moitié » et partage ce quotidien, il est bien autrement une part de « moi » que ces petits qui sont sortis de moi et m'ont laissée vide d'eux-mêmes. Lui est déjà « tout fait », sa vie et sa personnalité sont déjà développées, il est autonome, il se débrouille ; il est le compagnon, le partenaire, l'*alter ego*. Mais pour eux, tout est à construire, à découvrir, à accompagner : apprendre à manger, marcher, traverser la route sur le passage piéton, regarder les fleurs et les animaux des montagnes, faire des mathématiques et réciter une poésie, comprendre ses sentiments et respecter ceux des autres, prendre une décision, tenir un engagement, se découvrir et tracer son chemin dans la vie…

Et ceux que j'ai portés m'emportent loin de moi. Par procuration, je vis maintenant autant de vies supplémentaires que j'ai d'enfants. La vie s'enrichit d'événements futiles et dramatiques, de relations complexes et mouvantes, entre eux et nous, entre eux et eux, entre eux et l'extérieur, les copains et copines, les cousins, les voisines, les maîtresses et les entraîneurs… Je suis postée au cœur d'un tourbillon d'allers et de venues, d'activités sportives, musicales, scolaires et extrascolaires, d'apprentissages et d'échecs, de petites histoires et de grandes tragédies, de potins et de révélations. Je suis émue de leurs émotions, émerveillée de leurs trouvailles, chagrinée de leurs chagrins, fascinée de leurs talents inattendus, troublée de nos ressemblances et plus encore de tout ce qui diffère entre nous, de leur singularité absolue qui me plonge parfois dans le doute et l'impuissance, parfois aussi dans l'extase. Ils sont issus de nous, ils sont sortis de moi, ceux-là… ?

Vigile malgré moi, je reste aux aguets, à longueur de journée. Un œil sur le bébé qui crapahute dans les placards, ourson gourmand en quête de miel, une oreille pour la fille qui s'inquiète de fâcheries entre amies. Parfois aussi la nuit – quand un petit toussote, ou se relève, ou crie, quand un grand tarde à éteindre la lumière, ou à rentrer le soir. Je suis sollicitée, débordée de toutes parts, en permanence. La vie trépide, la vie jaillit de partout, la vie s'éparpille et part à l'école ou en camp d'été, la vie bouge sans cesse et se métamorphose sous mes yeux et grandit démesurément, jusqu'à me dépasser en force, en taille, en santé, en inventivité, en folie, en sagesse.

Ma vie tentaculaire m'épuise et me fascine à la fois. J'ai beau reprendre mes activités, tenter de m'occuper surtout de mes affaires, de mon travail, de mes loisirs, tâcher de suivre le cours des préoccupations conjugales, de notre amour, de nos bonheurs, de nos projets et nos voyages, mes enfants me ramènent à cette vie qui m'excède : je ne vis plus seulement en moi, je vis aussi et je vivrai toujours un peu à travers eux, je me nourris autant de leur vie que de la mienne, et c'est terriblement désarmant. Mon bonheur s'est logé au creux de leur destin ; je n'y peux rien, eux non plus.

Mon corps garde avec eux des connexions secrètes, inexplicables. Des antennes spéciales ont dû pousser quelque part en moi. S'ils sont loin, je pressens parfois leurs besoins, comme quand mon lait coulait tout seul, à l'heure où le bébé pleurait chez sa nourrice. Lorsqu'ils me cachent quelque chose, il me semble le deviner. Et je me demande toujours pourquoi, quand je les vois sortir sans pull, c'est moi qui frissonne. S'ils trébuchent, je sursaute, s'ils souffrent, je souffre aussi, s'ils partent à la dérive, je m'alarme. Mais s'ils s'épanouissent et se découvrent et rayonnent, mon bonheur se dilate. Leur vie m'échappe et me soucie, mais elle s'est incrustée en moi. Je les sens là, ils me prennent aux tripes, je les ai toujours dans la peau, dans mon cœur et ma tête.

Ma vie s'étire aussi dans le temps, bien avant et bien après mon âge. Je comprends mieux ma mère aujourd'hui. J'honore avec gratitude le souvenir de mes grands-mères, dont l'une fut, je le sais, épuisée et vieillie par les travaux de ferme, et dix maternités. Je m'interroge pour demain et pour après-demain, mais je ne peux rien dire de l'avenir de mes enfants ; ils sont tellement libres, tellement singuliers. Après des années, même en ayant eu la chance d'être aux premières loges pour les voir grandir, le mystère reste entier, je continue de les découvrir, et de m'en étonner.

Enceinte éventrée, muraille défaite, j'ai laissé mes enfants naître et partir à l'assaut de la vie. Et pourtant, tant qu'ils auront besoin de moi, je resterai pour eux ce rempart fragile et sûr, et mon ventre apaisé, le lieu du réconfort.

Remerciements

À mon ami Nathanaël, dont la mort prématurée m'a rappelé que le temps est compté et qu'il est urgent d'offrir ce qui nous tient à cœur.

À Agnès, sans qui cet essai n'aurait jamais vu le jour. En fine maïeuticienne, elle a su s'enchanter avant moi du projet que je portais ; elle a encouragé et accompagné, par ses conseils et sa clairvoyance, le patient travail de recherche et d'écriture.

À Alice Ferney, pour son amical coup de plume.

À toutes les personnes qui m'ont fait part de leur témoignage, ou dont les échanges ont nourri ma réflexion ; merci pour leur confiance et leurs confidences.

À celles et ceux qui ont relu et commenté le manuscrit à tous les stades de sa rédaction. Notamment aux femmes et aux hommes qui, sans être parents, se sont enthousiasmés pour ce sujet. J'aimerais pouvoir les nommer tous, mais j'ai trop peur d'en oublier. Un merci spécial à Bernard pour son regard aiguisé et pour la subtile touche finale qu'il m'a suggérée.

Merci aux Éditions de l'Emmanuel pour leur soutien chaleureux, en particulier à Gonzague pour son précieux « travail d'orfèvre » et à Sylvie pour son écoute rassurante et sa fantaisie.

Aux parents et amis sur qui je peux toujours compter et à tous ceux qui, surtout ces dernières années, m'ont aidée à apprivoiser la nuit pour renaître à moi-même, dans la lumière.

Bibliographie

Littérature

Abécassis Éliette, *Un heureux événement*, Paris, Albin Michel, 2005. Éd. citée : Paris, Le livre de Poche, 2011.

Boris Hugo, *Police*, Paris, Grasset, 2016.

Cohen Albert, *Belle du Seigneur*, Paris, Gallimard, 1968. Éd. citée : Paris, France Loisirs, 1997.

Collectif : *Naissances, récits* (Marie Darrieussecq, Héléna Villovitch, Agnès Desarthe, Marie Desplechin, Camille Laurens, Geneviève Brisac, Catherine Cusset, Michèle Fitoussi), Paris, L'Iconoclaste, 2005. Éd. citée : Paris, Points, 2007.

Dahl Roald, *Moi, Boy*, Paris, Gallimard Jeunesse, 1987. Éd. citée : Paris, Gallimard, coll. « Folio Junior », 2017.

Darrieussecq Marie, *Le Pays*, Paris, P.O.L., 2005.

Darrieussecq Marie, *Le Bébé*, Paris, P.O.L., 2002.

Delforge Hélène, Gréban Quentin, *Maman*, Namur, Mijade, 2018.

Enright Anne, *Le Choc de la maternité*, Arles, Actes Sud, 2007 pour la traduction française.

Ferney Alice, *L'Élégance des veuves*, Arles, Actes Sud, 1995.

Ferney Alice, *Grâce et Dénuement*, Arles, Actes Sud, 1997. Éd. citée : Paris, J'ai lu, 2009.

Ferney Alice, *L'Intimité*, Arles, Actes Sud, 2020.

Huston Nancy, *Journal de la création*, Paris, Seuil, 1990. Éd. citée : Arles, Actes Sud, coll. « Babel », 2001.

Huston Nancy, *L'Empreinte de l'ange*, Arles, Actes Sud, 1998.

Jan-Ailleret Maud, *Donne-moi des fils ou je meurs*, Paris, Grasset, 2019.

Lazare Jeanne, *Splendeurs et Misères de la maternité*, Paris, Éd. de l'Aube, 1976.

Leclerc Annie, *Le Mal de mère*, Paris, Grasset, 1986.

Leclerc Annie, *Parole de femme*, Paris, Grasset, 1974. Éd. citée : Arles, Actes Sud, coll. « Babel », 2001.

Mathonat Olivier, *Attendre et Espérer*, Paris, Éd. Emmanuel, 2019.

Muller-Colard Marion, *L'Intranquilité*, Paris, Bayard, coll. « J'y crois », 2016.

Sauvage Cécile, « L'âme en bourgeon », dans *Œuvres complètes*, Paris, Mercure de France, 1929.

Streb Blanche, *Éclats de vie*, Paris, Éd. Emmanuel, 2019.

Woolf Virginia, *Une chambre à soi*, Paris, Gonthier, 1965 pour la traduction française.

Sciences humaines

Agacinski Sylviane, *Corps en miettes*, Paris, Flammarion, 2009.

Agacinski Sylviane, *Femmes entre sexe et genre*, Paris, Seuil, 2012.

Antoine Corinne, *La Révolution intérieure. Psychologie de la grossesse et de la maternité*, Larousse, 2007.

Arendt Hannah, *La Condition de l'homme moderne*, Paris, Calmann-Lévy, 1961 pour la traduction française. Éd. citée : Paris, Calmann-Lévy Pocket, coll. « Agora », 1994.

Bartoli Lise, *Venir au monde. Les rites de l'enfantement sur les cinq continents*, Paris, Plon, 1998.

Bayle Benoit, *L'Identité conceptionnelle*, Paris, L'Harmattan, 2005.

Beauvoir Simone de, *Le Deuxième Sexe*, t. 2, Paris, Gallimard, 1949. Éd. citée : Paris, Gallimard, coll. « Folio essais », 1997.

Berger Gaston, *La Présence d'autrui*, Paris, Presses universitaires de France, 1957.

Boltanski Luc, *La Condition fœtale. Une sociologie de l'engendrement et de l'avortement,* Paris, Gallimard, 2004.

Busnel Marie-Claire, Héron Anne, « Le développement de la sensorialité fœtale », dans R. Frydman, M. Szejer (dir.), *La Naissance. Histoire, cultures et pratiques d'aujourd'hui*, Paris, Albin Michel, 2010, p. 633-643.

Canullo Carla, *Être mère. La vie surprise*, Bruxelles, Lessius, 2017.

Décant-Paoli Dominique, *L'Haptonomie*, Paris, Presses universitaires de France, coll. « Que sais-je ? », 2018.

Derrida Jacques, Dufourmantelle Anne, *De l'hospitalité*, Paris, Calmann-Lévy, 1997.

Hadjadj Fabrice, *La Profondeur des sexes. Pour une mystique de la chair*, Paris, Éd. du Seuil, coll. « Points Essais », 2011.

Herbinet Étienne, Busnel Marie-Claire (dir.), *L'Aube des sens. Ouvrage collectif sur les perceptions sensorielles fœtales et néonatales*, coll. « Les cahiers du nouveau-né », 5, version numérique 2005.

Levinas Emmanuel, *Totalité et Infini*, La Haye, Nijhoff, 1961.

Levinas Emmanuel, *Autrement qu'être ou Au-delà de l'essence*, Paris, Le Livre de poche, coll. « Biblio-essais », 1990.

Levinas Emmanuel, *Le Temps et l'Autre*, Paris, Fata Morgana, 1980.

Mottini-Coulon Edmée, *Essai d'ontologie spécifiquement féminine*, Paris, Vrin, 1978.

Mounier Emmanuel, *Le Personnalisme*, Paris, Presses universitaires de France, coll. « Que sais-je ? », 1950.

Relier Jean-Pierre, *L'aimer avant qu'il naisse*, Paris, J'ai Lu, 1995.

Ricœur Paul, *Philosophie de la volonté*, t. 1 : *Le Volontaire et l'Involontaire*, Paris, Aubier, 1949.

Trelaün Maïtie, *J'accouche bientôt. Que faire de la douleur ?*, Le Souffle d'or, coll. « Chrysalide », 2012.

Van Eersel Patrice, *Mettre au monde. Enquête sur les mystères de la naissance*, Paris, Le Livre de poche, 2010.

Revues et articles

Christus, 229, *Être mère, un parcours, une vie*, janvier 2011.

Picard Clarisse, « Penser l'enfantement », *Études*, 4248.

Pilliot Marc, « Le regard du naissant », *Les Cahiers de Maternologie*, 2005.

Sallez Hélène, « La sensualité enfantine à l'aube de l'intelligence humaine », *Spirale*, 57, 2011/1, p. 63-76.

Table des matières

www.editions-emmanuel.com

numérique

Impression & brochage - France

Numéro d'impression : N11925210304 - Achevé d'imprimer : Mars 2021

IMPRIM'VERT®

PEFC™ 10-31-3532 / Certifié PEFC / Ce produit est issu de forêts gérées durablement et de sources contrôlées. / pefc-france.org